Computer Bild

Prinz & Matoni

Windows Vista Blitzkurs

ullstein

6 Netzwerk – Das Netzwerk für mehrere Rechner 66

7 Sicherheit – Das Windows Sicherheitscenter 77

8 Internet – Mit dem Internet Explorer ins Datennetz 88

9 E-Mail – Schneller als die Post: Windows Mail 102

Anhang 115

Zu diesem Buch

Blitzschnell einsteigen in Windows Vista. Ohne Zeit zu verlieren, gleich loslegen. In diesem Blitzkurs erfahren Sie von Anfang an, was die richtigen Schritte sind und wie Sie vorgehen müssen, um ohne unnötigen Ballast sofort effektiv zu arbeiten.

Selbstverständlich behandelt dieser Blitzkurs grundlegende Techniken wie den richtigen Zugriff auf Ordner, das Öffnen von Dateien und das effektive Kopieren, Verschieben und Versenden von Daten per E-Mail. Lernen Sie, wie Sie Dateien löschen, versehentlich gelöschte Dateien wieder retten und mit der Komprimierung Platz sparen.

Mit Windows-Bordmitteln lassen sich CDs und DVDs brennen, beispielsweise um Filme zu sichern. Ein eigenes Kapitel dieses Blitzkurses widmet sich der richtigen Verwaltung von Festplatten, immerhin nach wie vor dem wichtigsten Datenträger des PCs. Erfahren Sie, wie Sie die Aufteilung der Festplatte an Ihre Bedürfnisse anpassen und wie Sie den Speicherplatz durch externe Datenträger erweitern.

Wer Daten gemeinsam mit mehreren Anwendern nutzen möchte, kann sich der Netzwerkfunktionen von Windows Vista bedienen. Dieses Buch zeigt Ihnen, wie Sie eine Arbeitsgruppe einrichten, ein Funknetzwerk in Betrieb nehmen und ins Internet vorstoßen. Dabei geht es auch um das Thema Sicherheit. Wenn Sie die hier empfohlenen Schutzmaßnahmen umsetzen, können Sie ganz beruhigt Bilder und Musik aus dem Internet übertragen oder elektronische Nachrichten mit Windows Mail empfangen und versenden.

All diese Themen werden in den bewährten Schritt-für-Schritt-Anleitungen von COMPUTERBILD einprägsam und direkt nachvollziehbar präsentiert. Die voraussetzungsfreie Sprache vermeidet Missverständnisse und erlaubt Ihnen ohne Vorkenntnisse in die Welt von Windows Vista einzutauchen. So wird mit diesem Buch Microsofts Betriebssystem zur Plattform einer neuen PC-Erfahrung.

1 Los geht's: Das Begrüßungscenter

Wenn Sie Ihren Rechner gestartet haben, sehen Sie als Erstes den Desktop, in dessen Mitte das Begrüßungscenter prangt. Über das Begrüßungscenter können Sie viele Aufgaben ohne Umwege direkt erledigen. Sie finden dort Informationen sowohl zu Ihrem Rechner, als auch zu Windows Vista und zu weiteren Angeboten von Microsoft. Zudem haben Sie im Begrüßungscenter die Möglichkeit, beispielsweise neue **Benutzerkonten** einzurichten oder auch für den Desktop einen anderen Bildschirmhintergrund zu wählen. Und falls Sie das etwas üppig geratene Begrüßungscenter stören sollte, können Sie es natürlich abschalten und nur bei Bedarf wieder hervorholen.

Im ersten Kapitel dieses Buches erfahren Sie,
- welche Möglichkeiten das Begrüßungscenter bietet,
- wie Sie ein neues Benutzerkonto einrichten,
- wie Sie die Auflösung des Monitors einstellen,
- wie Sie die Bildschirmsymbole in der Größe anpassen
- und wie Sie das Begrüßungscenter abschalten und wieder einschalten.

Kapitel-Wegweiser

Informationen über den Rechner abrufen

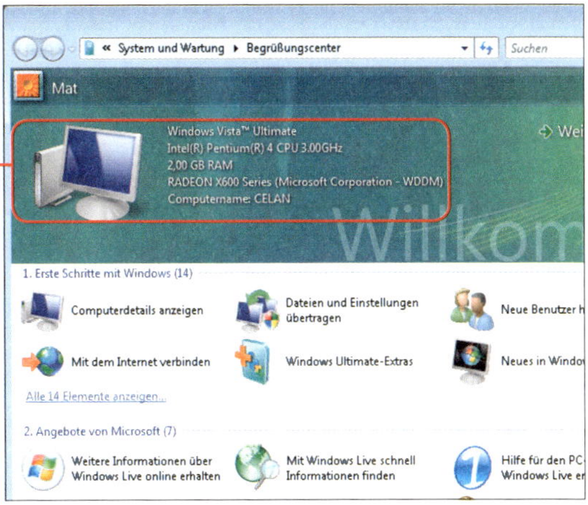

Vom Begrüßungscenter aus, das zentral auf Ihrem Desktop erscheint, haben Sie nicht nur den direkten Zugriff auf viele Funktionen, sondern können sich auch blitzschnell bestimmte Informationen anzeigen lassen. Wenn Sie etwa einen Rechner gekauft haben, werden Ihnen häufig Einzelheiten über Ihren neuen Computer vorenthalten. Denn die Informationen im oberen Teil des Begrüßungsbildschirms reichen nicht immer aus: ●.

So erfahren Sie mehr:

1 Klicken Sie im Begrüßungscenter neben diesen generellen Informationen auf

.

Daraufhin wird ein weiteres Fenster geöffnet, in dem Sie im linken Teil mit einem Mausklick den Eintrag

wählen.

2 An dem kleinen bunten Warnschild neben dem Eintrag

Die Sicherheitsabfrage

Sie müssen sich nicht erschrecken, wenn Ihr Bildschirm nach Schritt 1 dieser Anleitung dunkler wird und Sie keinen Zugriff mehr auf ihn haben. Diese Einschränkung dient nur der Sicherheit Ihres Rechners. Bevor Sie eine Änderung an den Systemeinstellungen vornehmen können, müssen Sie Ihr Anliegen zuvor nämlich ausdrücklich bestätigen. Da der Zugriff auf den Geräte-Manager bereits einen Eingriff in das Betriebsprogramm darstellen kann, werden Sie gefragt, ob Sie den Geräte-Manager wirklich aufrufen möchten.

Erst wenn Sie dies mit dem entsprechenden Mausklick von Schritt 2 bestätigt haben, funktioniert Ihr Rechner wieder ganz normal. Und falls Sie ein Passwort benutzen, müssen Sie dies an dieser Stelle ebenfalls eingeben.

können Sie schon sehen, dass der Geräte-Manager besonders gesichert ist. Daher erscheint nach dem Klick auf den Eintrag auch ein Warnhinweis, den Sie mit einem Mausklick auf die Schaltfläche

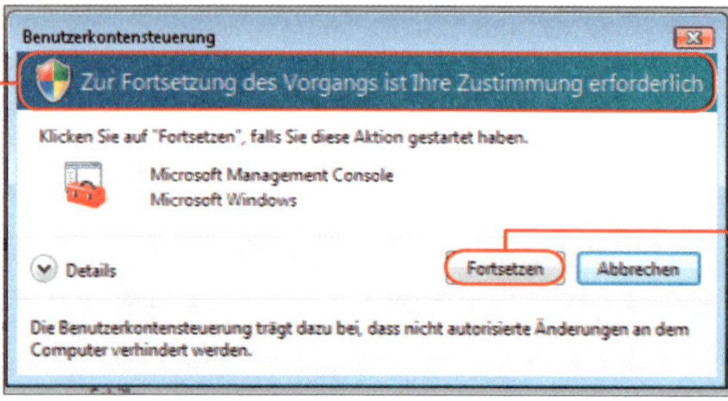

bestätigen müssen.

3 Nach Ihrer Bestätigung wird das Fenster des Geräte-Managers geöffnet.

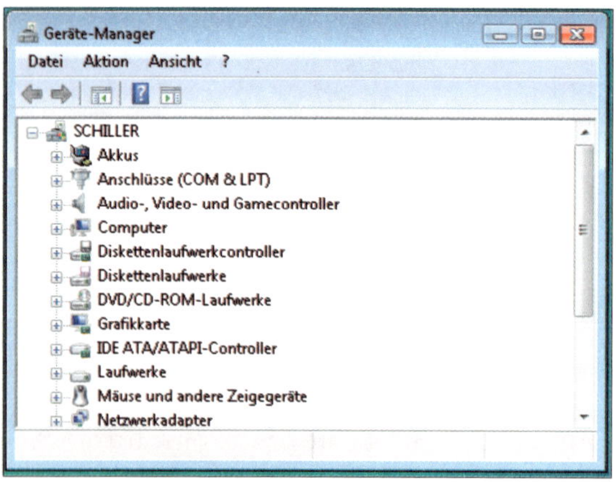

Hier sind alle angeschlossenen Geräte Ihres Rechners aufgelistet. Möchten Sie sich die Beschreibung eines Gerätes genauer ansehen, klicken Sie auf das Pluszeichen neben dem entsprechenden Eintrag, im Beispiel auf.

Daraufhin werden alle eingebauten Laufwerke angezeigt.

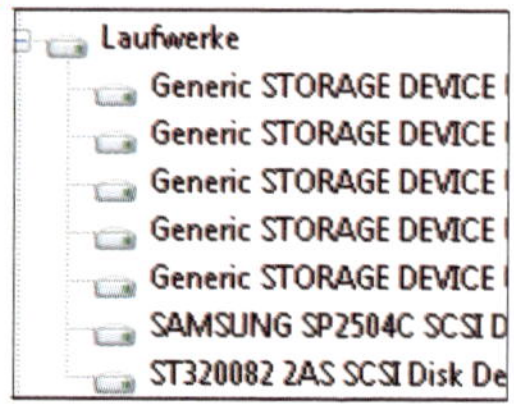

4 Alternativ zur beschriebenen Methode können Sie den Geräte-Manager auch wie folgt aufrufen: Klicken Sie zuerst auf

und dann mit der rechten (!) Maustaste auf den Eintrag

und schließlich im **Kontextmenü** – wieder mit links - auf.

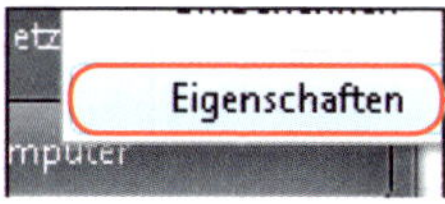

Im folgenden Fenster folgt nur noch der Doppelklick auf den Eintrag.

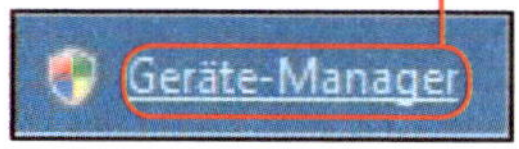

Dann geht`s weiter wie oben in Schritt 2.

Einen Benutzer einfach hinzufügen

Wird Ihr Rechner von mehreren Personen verwendet, ist es besser, jedem eine eigene Arbeitsumgebung anzubieten. Denn auf diese Weise kann jeder seine gewohnten Einstellungen beibehalten und stört nicht die anderen Mitbenutzer. Aber selbst wenn Sie der alleinige Nutzer sind, sollten Sie aus Sicherheitsgründen ein Benutzerkonto mit geringeren Rechten anlegen. Dadurch können Sie verhindern, dass Sie versehentlich Einstellungen verändern und Ihr Rechner dann im schlimmsten Fall nicht mehr richtig funktioniert.

1 Im Begrüßungscenter klicken Sie doppelt auf den Eintrag

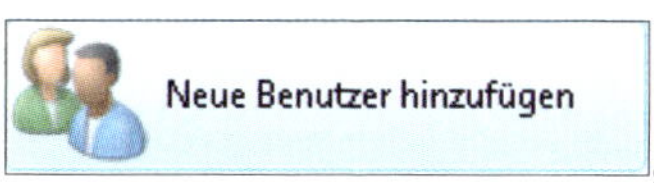

,

und im Fenster, das daraufhin angezeigt wird, wählen Sie mit einem einfachen Mausklick den Eintrag

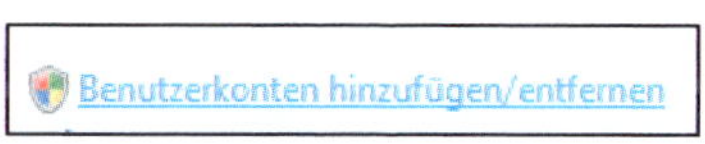

.

2 Wie im vorigen Abschnitt müssen Sie wieder den Warnhinweis per Klick auf die Schaltfläche

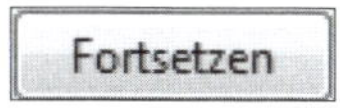

bestätigen, bevor das Kontenverwaltungsfenster geöffnet wird.

Das erste Konto, im Beispiel, ist Ihr eigenes Konto, das als Administratorkonto mit mehr Rechten ausgestattet ist. Das zweite Konto

ist das sogenannte Gastkonto, das nur dann eingerichtet wird, wenn Sie eine Person lediglich mal zwischendurch an Ihrem Rechner arbeiten lassen wollen. Dieses Gastkonto ist meist abgeschaltet (deaktiviert).

3 Um jetzt einen neuen Benutzer einzurichten, klicken Sie zunächst auf

den Eintrag ●.

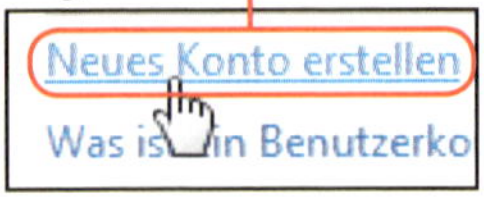

Im nachfolgenden Fenster können Sie dem neuen Konto dann per Tastatur einen Namen geben.

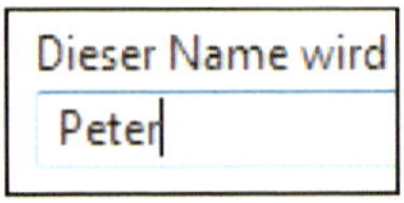

4 Die Einstellung für einen Standardbenutzer (der also weniger Rechte hat als ein Administrator) ist bereits ausgewählt. Sie erkennen dies daran, dass sich im Kreis vor dem Eintrag ein blauer Punkt befindet: ●.

Sie brauchen also nur noch auf die Schaltfläche

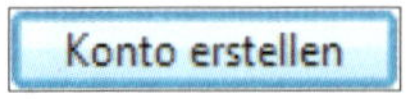

zu klicken - und schon wird das neue Benutzerkonto angelegt. Danach erscheint der Eintrag ebenfalls im Kontenverwaltungsfenster.

Beim nächsten Start des Rechners kann sich dieser neue Benutzer dann an seinem Konto anmelden.

Konto per Passwort schützen

Auch wenn es lästig erscheint, immer ein Passwort einzugeben: Aus Sicherheitsgründen sollten Sie sich unbedingt ein Kennwort zulegen. Denn ein Konto, das mit einem Passwort geschützt ist, kann nur mit korrekter Eingabe des Kennworts verwendet werden. Unbefugten ist also der „Zutritt verboten". Um das Passwort für ein Konto einzurichten, gehen Sie folgendermaßen vor:

1 Öffnen Sie das Kontenverwaltungsfenster, wie im vorigen Abschnitt in den Schritten 1 und 2 gezeigt. Im geöffneten Fenster markieren Sie per Mausklick auf den Eintrag das Konto, das geschützt werden soll, im Beispiel ●,

und klicken anschließend einfach auf ●.

2 Nun können Sie in das dafür vorgesehene Textfeld ein Passwort eintippen.

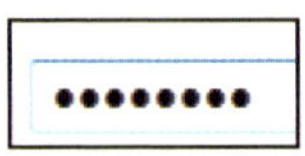

Da Sie aus Sicherheitsgründen nicht sehen können, was Sie eingeben, müssen Sie das Passwort zur Kontrolle im Feld darunter noch einmal wiederholen.

Falls Sie sich bei der Kontrolleingabe verschrieben haben, wird eine Meldung ausgegeben, die Sie per Klick auf

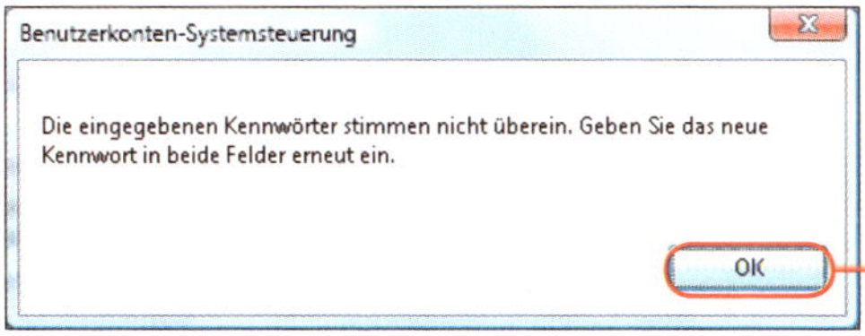

bestätigen müssen. Anschließend werden Sie dazu aufgefordert, das Passwort erneut in beide Felder einzutragen.

3 Um das Passwort dem Benutzerkonto zuzuweisen, genügt ein Mausklick auf die Schaltfläche

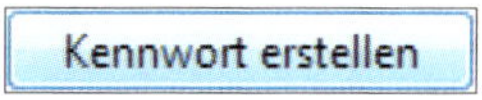

.

Daraufhin erscheint das Konto im Verwaltungsfenster mit dem Hinweis, dass es durch ein Passwort (Kennwort) geschützt ist: .

4 Wenn Sie sich künftig bei diesem Konto anmelden, müssen Sie das Passwort natürlich eingeben. Auch ändern können Sie es nur, wenn Sie es zuvor eingegeben haben.

Damit das Verwaltungsfenster geschlossen wird, klicken Sie auf das Schließkreuz.

Die Bildschirmauflösung optimieren

Über das Begrüßungscenter haben Sie auch den direkten Zugriff auf Funktionen, mit denen Sie das Aussehen der Arbeitsoberfläche ganz nach Wunsch abändern können. Besonders wichtig ist dabei die sogenannte Auflösung, denn sie bestimmt, wie viel Sie auf Ihrem Bildschirm sehen können. Die Auflösung muss an die unterschiedlichen Bildschirme angepasst werden, und dies gelingt nicht immer automatisch. Mit wenigen Mausklicks lässt sich das Problem jedoch beheben.

1 Da aus Platzgründen nicht alle Möglichkeiten, mit denen Sie Einstellungen vornehmen können, angezeigt werden, müssen Sie diese zunächst sichtbar machen. Klicken Sie dazu einfach auf

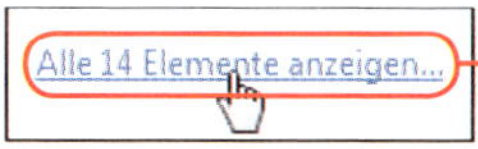

und in der dann geöffneten Liste auf den Eintrag ●.

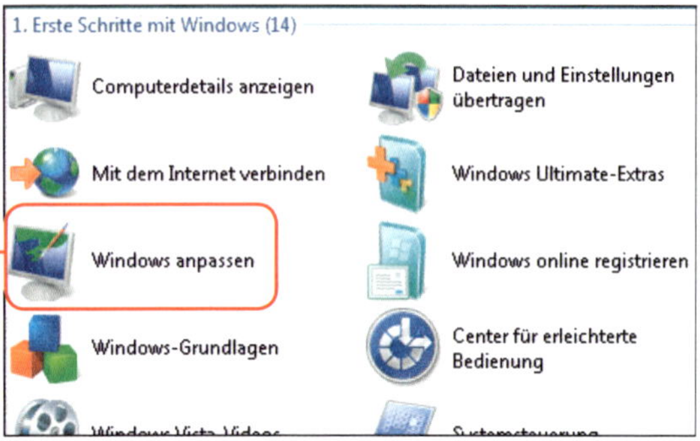

2 Sobald Sie dann im oberen Teil des Begrüßungscenters auf

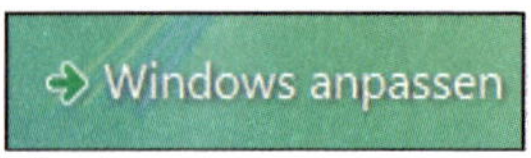

klicken, können Sie im daraufhin angezeigten Fenster bestimmen, was Sie ändern möchten.

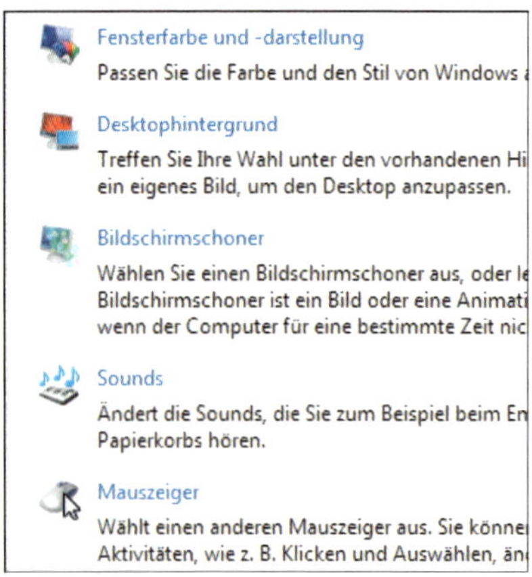

3 Um nun die Auflösung neu einzustellen, wählen Sie aus dieser Liste mit einem Mausklick den Eintrag ●.

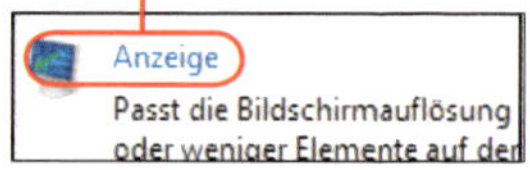

Im Einstellungsfenster, das anschließend sichtbar wird,

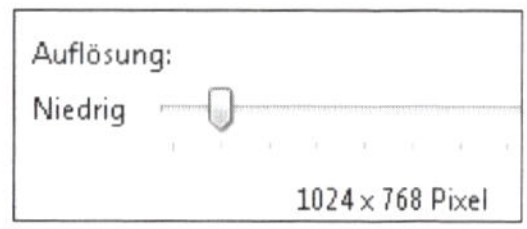

klicken Sie den Schieberegler an, halten die Maustaste gedrückt und ziehen den Regler mit weiterhin gedrückter Maustaste so weit nach rechts, bis die korrekte Auflösung erreicht ist, im Beispiel ●.

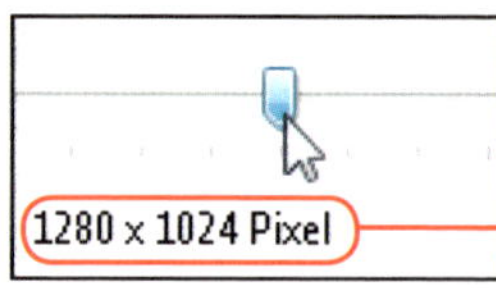

! Bildschirmauflösung je nach Größe des Monitors

Sie können natürlich so lange probieren, bis Ihnen die Ansicht gefällt. Doch einfacher ist es, im Handbuch Ihres Monitors nachzuschauen. Bei einem Bildschirm von 15 Zoll beträgt die normale Auflösung 800 x 600, bei 17 Zoll 1024 x 768 und bei einem 19-Zoll-Monitor 1280 x 1024 Bildpunkte.

4 Daneben finden Sie ein Feld für die Farbtiefe. Diese gibt an, wie viele Farbunterschiede auf Ihrem Bildschirm erkennbar sein sollen.

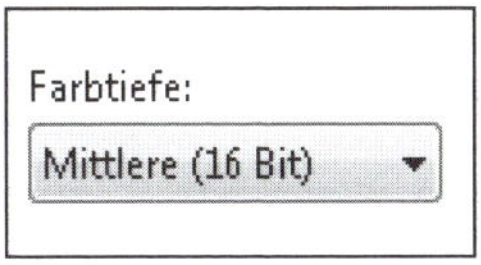

Die größte Farbenpracht erhalten Sie natürlich mit der höchsten Einstellung. Und wenn Sie die bunten Effekte und durchsichtigen Fensterrahmen von Windows Vista sehen möchten, müssen Sie sowieso die optimale Einstellung wählen. Klicken Sie also auf den Pfeil und danach auf die gewünschte Farbtiefe.

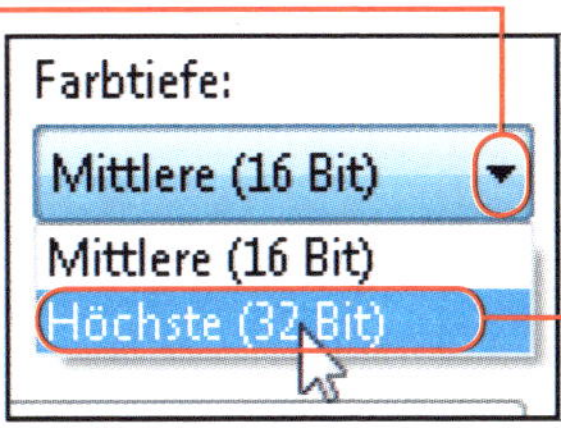

5 Wenn Sie Ihre Einstellungen vorgenommen haben, klicken Sie zur Bestätigung auf

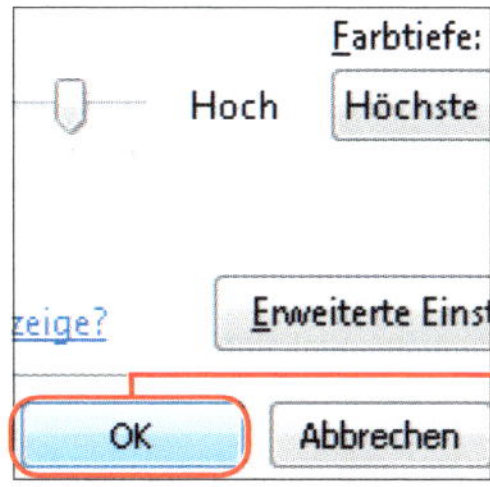

.

Daraufhin wird der Bildschirm für einen Augenblick dunkel, startet dann aber automatisch wieder mit den neuen Einstellungen. Gefällt Ihnen das Ergebnis, brauchen Sie in der erscheinenden Meldung nur noch auf zu klicken. Das Einstellungsfenster schließen Sie wieder per Klick auf.

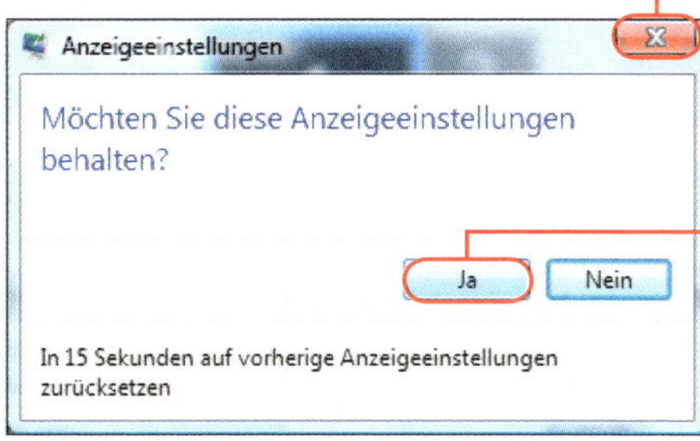

Desktophintergrund auswählen

Der Standardhintergrund von Windows Vista mag ja ganz hübsch sein, kann aber auf die Dauer langweilig werden. Windows bringt jedoch eine ganze Reihe von Hintergründen mit, die Sie auf Wunsch stattdessen verwenden können. So zaubern Sie etwas Abwechslung auf Ihren Arbeitsplatz.

1 Um Zugriff auf die Hintergründe für Ihren Desktop zu erhalten, klicken Sie im Einstellungsfenster (siehe Schritt 2 des vorigen Abschnitts) auf den Eintrag ●.

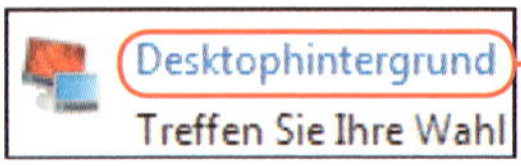

Daraufhin wird ein Fenster mit unterschiedlichen Bildern geöffnet, aus denen Sie Ihre Wahl treffen können.

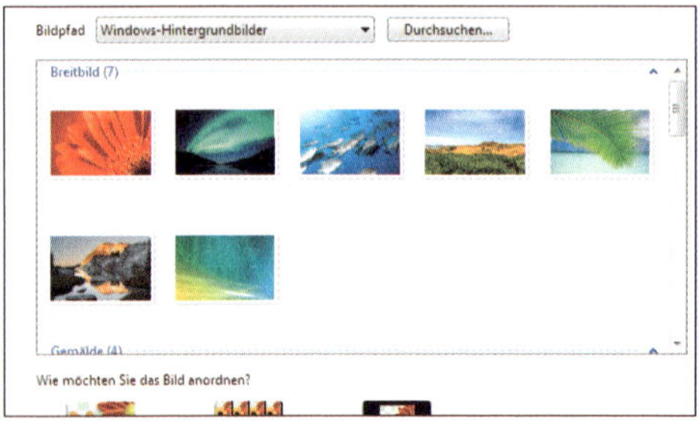

2 Sie müssen darauf achten, dass Sie den richtigen Bildtyp wählen. Falls Sie einen Bildschirm haben, der wesentlich breiter ist als hoch, kommen nur „Breitbilder" aus der entsprechenden Serie in Frage.

Haben Sie hingegen einen normalen Monitor, wählen Sie aus den anderen Serien Ihren Hintergrund aus. In diesem Beispiel aus der Bilderserie mit Landschaften.

3 Sie brauchen dann nur noch das gewünschte Bild anzuklicken - und schon erstrahlt Ihr Desktop in neuem Design.

Das Auswahlfenster schließen Sie mit einem Mausklick auf

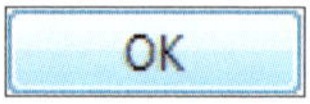

und das Einstellungsfenster per Klick auf ●.

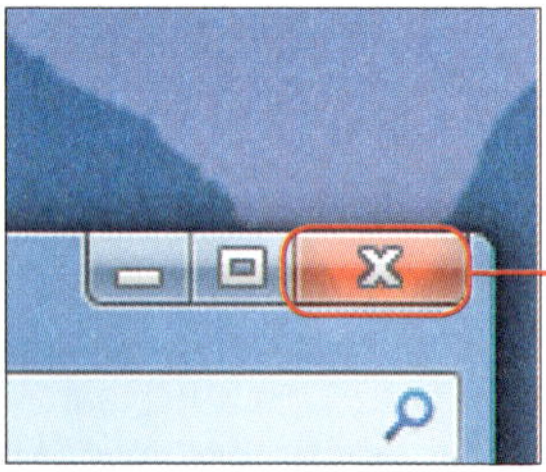

Bildschirmsymbole in der gewünschten Größe

Mitunter ist der Bildschirm schon korrekt eingestellt, aber die Symbole auf dem Desktop erscheinen Ihnen noch zu groß oder zu klein. Das lässt sich ganz schnell ändern: Klicken Sie einfach auf eine freie Stelle auf dem Desktop. Drücken Sie anschließend die [Strg]-Taste, halten Sie diese gedrückt, und drehen Sie am Mausrad. Dann wird zum Beispiel aus einem kleinen Papierkorb

ein ziemlich großer, in dem die von Ihnen entsorgten Dateien natürlich besonders gut zur Geltung kommen …

Selbstverständlich können Sie auch jedes andere Symbol, das sich auf dem Desktop befindet, mit der beschriebenen Methode vergrößern.

Das Begrüßungscenter verschwinden lassen

So nützlich das Begrüßungscenter auch sein mag, es nimmt viel Platz weg und kann manchmal auch stören. Aber selbstverständlich bietet Ihnen Windows Vista die Möglichkeit, auch hier einzugreifen und das Begrüßungscenter einfach auszuschalten und nur bei Bedarf wieder hervorzuholen.

1 Damit das Begrüßungscenter nicht mehr automatisch nach dem Start angezeigt wird, klicken Sie im Fenster des Begrüßungscenters am unteren Rand einfach auf ●,

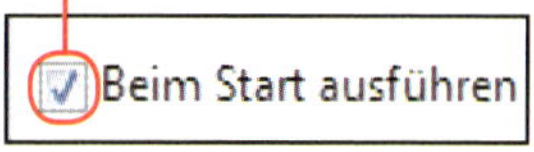

sodass das Häkchen in dem Kästchen verschwindet:

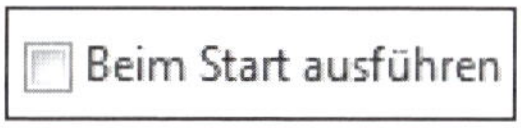

2 Um das Begrüßungscenter dann sofort zu beenden, klicken Sie auf das

Schließkreuz

.

Sie können ein aktives Fenster (das also offen im Vordergrund zu sehen ist) auch mit einer Tastenkombination schließen. Dazu drücken Sie gleichzeitig die Alt-und die F4-Taste. Sofort verschwindet das offene Fenster.

3 Selbstverständlich lässt sich das Begrüßungscenter genauso problemlos wieder aufrufen. Klicken Sie einfach auf

,

danach auf den Eintrag

und in der geöffneten Systemsteuerung auf ●.

Sofort wird das Begrüßungscenter wieder angezeigt.

Möchten Sie es künftig wieder automatisch beim nächsten Start Ihres Rechners angezeigt bekommen, setzen Sie neben dem entsprechenden Eintrag per Mausklick erneut ein Häkchen: ●.

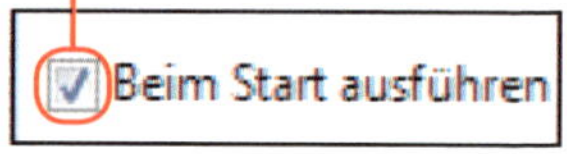

4 Sollte Ihnen das zu viel Mausgeklicke sein, gibt es auch hier eine Abkürzung: Drücken Sie die ⊞-Taste, oder klicken Sie auf

,

und tippen Sie dann im Suchfeld „Begrüßungscenter" ein.

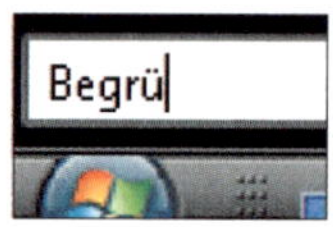

Meist wird schon nach wenigen Buchstaben der Eintrag für das Begrüßungscenter angezeigt.

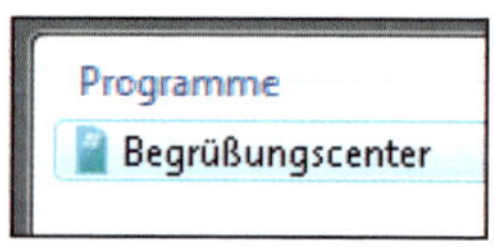

Ist der Eintrag schon ausgewählt (blau hinterlegt), können Sie das Begrüßungscenter direkt starten, indem Sie auf die ↵-Taste drücken oder auf den Eintrag klicken. Ansonsten müssen Sie vielleicht noch einen Buchstaben mehr eingeben.

2 Dateien und Ordner im Griff

Windows Vista verwaltet Dateien in sogenannten Ordnern. Das sind Verzeichnisse auf der Festplatte, in denen auch Ihre Texte, Fotos, Tabellen und Filmdateien gespeichert werden. Neben den Ordnern, die Windows von Haus aus zur Verfügung stellt, können Sie für Ihre Dateien auch selbst neue Ordner anlegen. Das ist sehr praktisch, da sich mit der Zeit immer mehr Texte, Bilder, Musikstücke und Videos auf der Festplatte ansammeln und Sie sonst schnell den Überblick verlieren. Und wenn Sie einige Dateien oder Ordner irgendwann gar nicht mehr benötigen, können Sie diese auch ganz bequem entsorgen.

Im zweiten Kapitel dieses Buches erfahren Sie,
- wie Sie Ordner öffnen und wieder schließen,
- wie Sie neue Ordner anlegen und überflüssige löschen,
- wie Sie Ordner mit einem eigenen Bild versehen,
- wie Sie Dateien öffnen und schließen,
- wie Sie Dateien kopieren, verschieben und löschen
- wie Sie gelöschte Dateien noch retten können
- und wie Sie Dateien komprimieren und per **E-Mail** versenden.

Kapitel-Wegweiser

Ordner für die Übersicht

In Ordnern werden Dateien und Programme gespeichert. Damit schaffen Sie Ordnung und haben immer schnellen Zugriff auf Ihre gespeicherten Dateien.

Ordner öffnen und schließen

1 Wenn Sie Ihren Rechner gestartet haben, sehen Sie unten links auf dem Desktop das Symbol

.

Klicken Sie darauf, damit das Startmenü angezeigt wird,

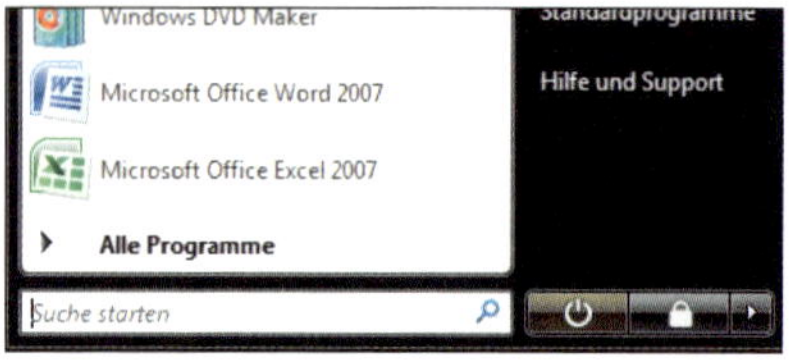

und wählen Sie im geöffneten Startmenü mit einem Mausklick den Eintrag

,

um Zugang zu Ihrer Festplatte ● und den Ordnern ●

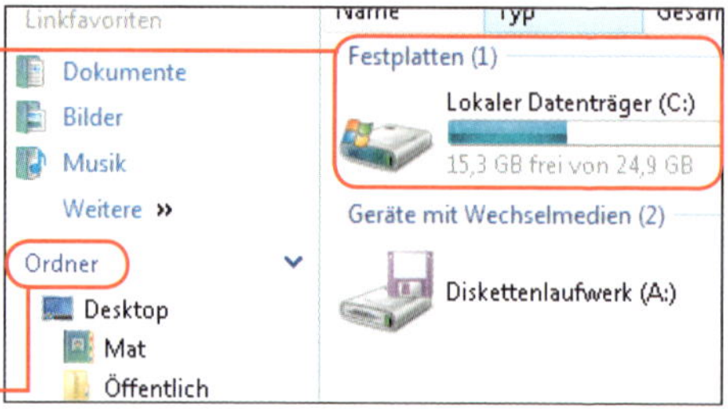

zu bekommen. Das Startmenü können Sie übrigens auch öffnen, indem Sie die [⊞]-Taste drücken.

2 Möchten Sie einen Ordner öffnen, genügt ein Doppelklick auf das Symbol des gewünschten Ordners, beispielsweise ●.

Daraufhin wird der Ordner aufgemacht, und die darin enthaltenen Dateien und Unterordner werden angezeigt.

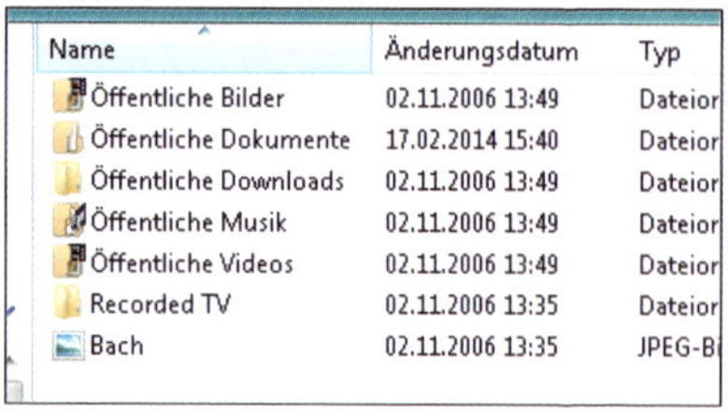

3 Genauso schnell können Sie einen geöffneten Ordner wieder schließen. Klicken Sie dazu einfach auf das Schließkreuz am oberen rechten Rand des Ordnerfensters: ●.

Ein geöffnetes Fenster lässt sich auch per Tastenkombination schließen. Dazu drücken Sie gleichzeitig die Alt- und die F4-Taste.

Ordner anlegen und löschen

Einige Ordner für Ihre eigenen Dateien sind bereits von vornherein vorhanden. Dazu zählen beispielsweise der Ordner für Ihre Bilder ● und der für Ihre Dokumente ●.

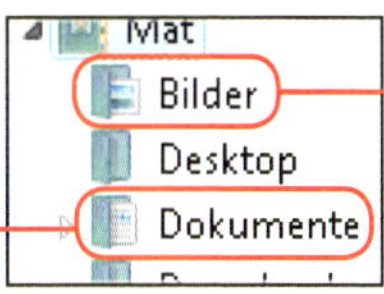

Außerdem finden Sie in der Liste auch die „öffentlichen" Ordner.

In diesen Ordnern werden Dateien gespeichert, die allen Benutzern des Rechners zugänglich sein dürfen. Sollten diese Ordner nicht alle angezeigt werden, genügt ein Mausklick auf das kleine Dreieck daneben: ●.

Dann werden auch die Unterordner sichtbar.

1 Möchten Sie nun einen neuen Ordner anlegen, um zum Beispiel Ihre Rechnungen zu sammeln, klicken Sie in einem freien Bereich des Ordners mit der rechten (!) Maustaste auf den Hintergrund und wählen im daraufhin erscheinenden Kontextmenü den Eintrag

und anschließend in der aufklappenden Liste ●.

2 Daraufhin erscheint sofort ein neuer Ordner, der auch genauso heißt.

Das Kontextmenü eines aktiven Ordners können Sie übrigens auch öffnen, indem Sie gleichzeitig die ⇧- und die F10-Taste drücken.

3 Zur besseren Orientierung braucht der Ordner natürlich einen aussagekräftigeren Namen. Tippen Sie diesen einfach direkt in das dafür vorgesehene Textfeld, etwa ●.

Ein Mausklick auf den Ordner - und schon heißt der Ordner wie gewünscht.

4 Wenn Sie den Namen später ändern wollen, ist auch das kein Problem. Dazu stehen Ihnen zwei Methoden zur Verfügung.

Entweder Sie klicken den Ordner mit der rechten (!) Maustaste an und wählen aus dem Kontextmenü den Eintrag

.

Dann können Sie den Namen im Textfeld überschreiben.

Oder Sie klicken den Ordner an, sodass dieser markiert ist, was Sie daran erkennen, dass der Ordner blau hinterlegt ist. Wenn Sie dann noch auf den Namen des Ordners klicken, wird das Textfeld ebenfalls zur Bearbeitung freigegeben.

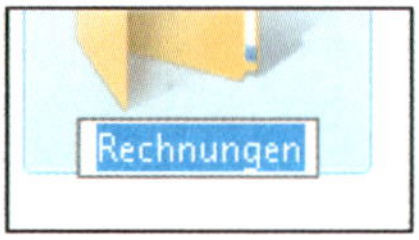

Ein weiterer Mausklick, und der neue Name wird übernommen.

5 Genauso einfach können Sie einen überflüssigen Ordner löschen. Auch dabei gibt es mehrere Wege.

Zum einen: Sie klicken den Ordner mit der rechten (!) Maustaste an und wählen

Warnhinweis beim Löschen von Ordnern und Dateien

Sie brauchen keinen Schreck zu kriegen, wenn Ihr Bildschirm jetzt dunkler wird und ein Warnhinweis erscheint. Dieser Hinweis dient nur Ihrer Sicherheit beziehungsweise soll verhindern, dass ein Ordner versehentlich gelöscht wird. Sie müssen diesen Hinweis per Mausklick ●

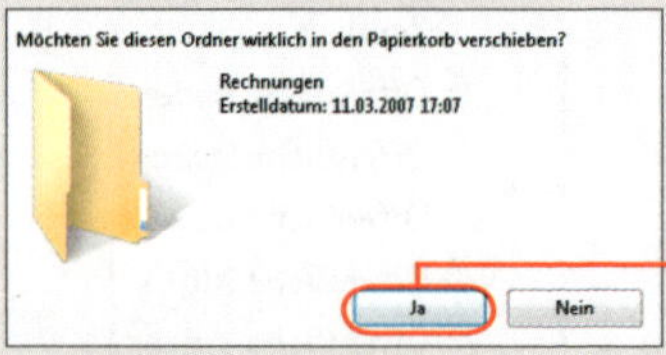

bestätigen, damit der Ordner tatsächlich in den Papierkorb verschoben wird. Und sollten Sie nicht als Administrator angemeldet sein, müssen Sie meist auch noch das Administratorkennwort eingeben.

aus dem Kontextmenü den Befehl

Löschen.

Zum anderen: Sie können den Ordner auch mit einem Mausklick markieren und dann auf die Entf-Taste drücken. Nach der Bestätigung des Warnhinweises wird der Ordner gelöscht.

6 Wenn Sie sich ganz sicher sind und auf den Warnhinweis verzichten möchten, geht es noch schneller. Markieren Sie den Ordner per Mausklick, halten Sie die Maustaste gedrückt, und ziehen Sie den Ordner mit weiterhin gedrückter Maustaste über den Papierkorb.

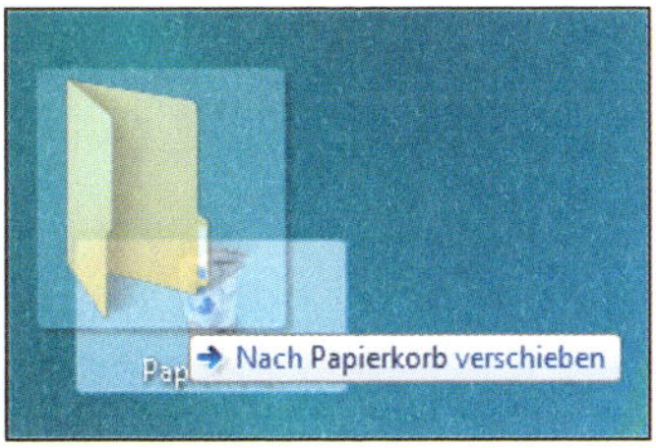

Sobald Sie dort die Maustaste loslassen, wird der Ordner ohne Nachfrage gelöscht.

Für jeden Ordner ein Bild

Enthält ein Ordner viele Unterordner, verlieren Sie leicht die Übersicht. Da kann es hilfreich sein, wenn sich die Ordner optisch voneinander unterscheiden. Aus diesem Grund haben viele Ordner auch ein Bild, wie zum Beispiel der Ordner für die öffentlichen Bilder.

Auch Ihrem neuen Ordner können Sie ein Bild verpassen.

1 Klicken Sie Ihren soeben erstellten Ordner mit der rechten (!) Maustaste an, und wählen Sie aus dem aufklappenden Kontextmenü den Eintrag

Eigenschaften.

2 Als Nächstes holen Sie per Klick auf den Registerreiter

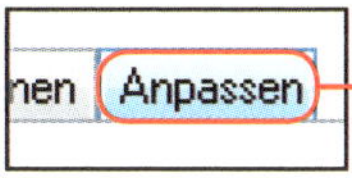

das entsprechende Registerfenster in den Bildschirmvordergrund und klicken darin auf die Schaltfläche

Datei auswählen....

3 Um nun Zugriff auf den benötigten Bilderordner zu bekommen, klicken Sie im nachfolgenden Fenster links auf den Eintrag

Bilder

und dann rechts doppelt, also zweimal kurz hintereinander, auf das Symbol

Sofort wird der Bilderordner aufgeklappt.

4 Jetzt brauchen Sie nur noch per Mausklick ein Bild auszuwählen, im Beispiel ●,

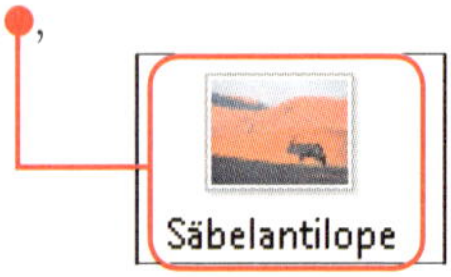

danach auf die Schaltfläche

und schließlich auf

zu klicken – und schon wird das Bild Ihrem Ordner zugeordnet.

Auf diese Weise können Sie alle Ihre Ordner mit eigenen Bildern versehen. Das ist nicht nur hübsch anzusehen, sondern erleichtert es Ihnen auch, zwischen den verschiedenen Ordnern zu unterscheiden.

Mit Dateien arbeiten

Texte, Bilder, Musikstücke und Videos werden auf Ihrem Rechner in Form von Dateien gespeichert, die wiederum in Ordnern abgelegt werden. Diese Dateien können mit den jeweils dazugehörigen Programmen angezeigt und bearbeitet werden.

Windows Vista kennt fast alle Dateien, die auf Ihrem Rechner gespeichert sind, und öffnet diese automatisch mit dem passenden Programm. Bevor Sie sich eine Datei anzeigen lassen, müssen Sie also nicht erst das Programm öffnen – das erledigt Vista für Sie!

1 Um eine Datei zu öffnen, klicken Sie doppelt auf das Dateisymbol, im Beispiel auf eine Bilddatei: ●.

Daraufhin wird das Anzeigeprogramm von Vista automatisch gestartet und die Bilddatei angezeigt.

Für eine Bilddatei ist als Standardprogramm die „Windows-Fotogalerie“ zuständig.

2 Möchten Sie die Datei nicht mit dem Standardprogramm von Vista öffnen, ist auch das ganz einfach. Klicken Sie das Symbol der Datei mit der rechten (!) Maustaste an, wählen Sie aus dem erscheinenden Kontextmenü den Befehl

Öffnen mit,

und klicken Sie in der dann angezeigten Liste auf das gewünschte Programm, etwa ●.

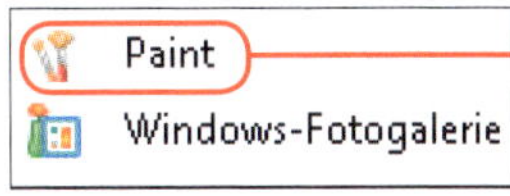

Sofort wird das Programm gestartet und die Datei angezeigt.

Im Beispiel handelt es sich um das Programm „Paint“, mit dem Sie Bilder nicht nur anzeigen, sondern auch bearbeiten können.

3 Sollten Sie selbst ein Bildbearbeitungsprogramm installiert haben, können Sie natürlich auch dieses zum Öffnen der Dateien verwenden. Klicken Sie die gewünschte Datei wieder mit der rechten (!) Maustaste an, und wählen Sie wieder den Befehl

Öffnen mit,

klicken Sie in der aufgeklappten Liste

jetzt aber auf ●.

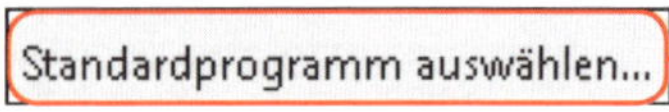

4 Daraufhin werden verschiedene Programme angezeigt, die Windows Vista für das Öffnen der Datei vorschlägt.

Befindet sich das gewünschte Programm nicht in der Liste, klicken Sie auf die Schaltfläche

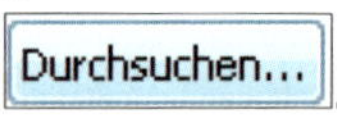

.

5 Anschließend werden die Ordner aller vorhandenen Programme angezeigt. Mit einem Doppelklick auf den Ordner Ihrer Wahl, im Beispiel ●,

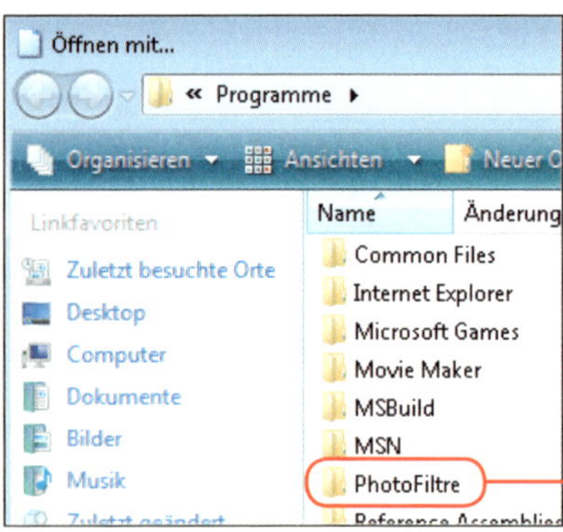

öffnen Sie den Unterordner für die entsprechende Programmdatei, im Beispiel den Ordner für „PhotoFiltre".

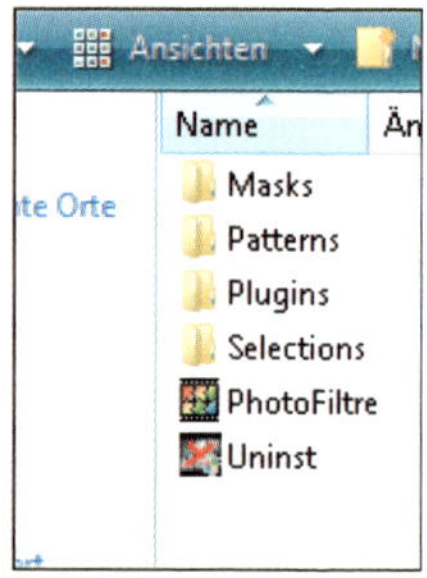

6 Im geöffneten Programmfenster brauchen Sie jetzt nur noch auf die Programmdatei

und auf

zu klicken. Danach finden Sie Ihr ausgewähltes Programm auch in der Auswahlliste ●

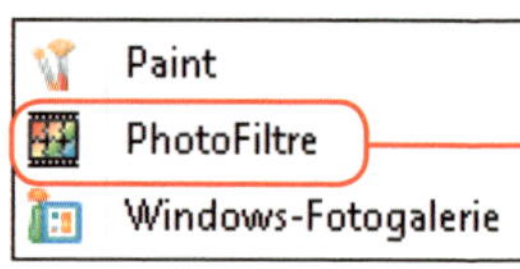

und können Dateien künftig auch damit starten.

7 Um eine Datei zu schließen, gibt es wieder mehrere Möglichkeiten: Entweder Sie klicken auf das Schließkreuz am oberen rechten Rand des Programmfensters: ●.

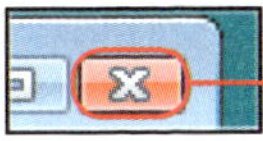

Oder Sie klicken in der Symbolleiste auf den Eintrag

und im dann geöffneten Menü auf

Beenden.

Oder aber Sie drücken gleichzeitig die Alt- und die F4-Taste.

Dateien ganz einfach kopieren

Mitunter möchten Sie eine Datei bearbeiten, das Original jedoch nicht verändern. In dem Fall bietet es sich an, mit einer Kopie der Datei zu arbeiten. Nichts leichter als das:

1 Klicken Sie als Erstes die Datei, die Sie kopieren wollen, mit der rechten (!) Maustaste an, etwa ●,

und wählen Sie aus dem erscheinenden Kontextmenü dann den Befehl

Kopieren.

2 Als Nächstes klicken Sie - wieder mit der rechten (!) Maustaste - auf einen freien Bereich des Ordners und wählen den Befehl

Einfügen.

Daraufhin wird eine Kopie Ihrer Datei im Ordner angezeigt. Die Kopie erkennen Sie daran, dass hinter dem Dateinamen der Vermerk „Kopie" angefügt wird.

3 Die zweite Methode, eine Datei zu kopieren, funktioniert genauso einfach:

Klicken Sie die Datei wieder mit der rechten (!) Maustaste an, halten Sie die Maustaste gedrückt, und ziehen Sie die Datei bei weiterhin gedrückter Maustaste auf einen freien Bereich des Ordners. Dort lassen Sie die Maustaste los und wählen aus dem dann geöffneten Kontextmenü den Befehl

Hierher kopieren.

Dateien schnell verschieben

Wenn Sie Ordnung schaffen wollen und bestimmte Dateien in andere Ordner verschieben möchten, geht das ebenfalls mit wenigen Mausklicks. Anders als beim Kopieren wird die Datei im ursprünglichen Ordner aber gelöscht.

1 Markieren Sie die Datei, die verschoben werden soll, mit der rechten (!) Maustaste, und wählen Sie aus dem Kontextmenü den Befehl

Ausschneiden.

2 Danach wechseln Sie über die Ordnerliste in den Ordner, in den Sie Ihre Datei verschieben möchten, im Beispiel

Dokumente.

Diesen Ordner öffnen Sie wie gewohnt per Klick auf das Symbol.

3 Im geöffneten Ordner klicken Sie wieder mit der rechten (!) Maustaste auf einen freien Bereich und wählen aus dem Kontextmenü den Befehl

Einfügen.

Sofort erscheint Ihre Datei in diesem Ordner. Gleichzeitig wird sie im anderen Ordner gelöscht.

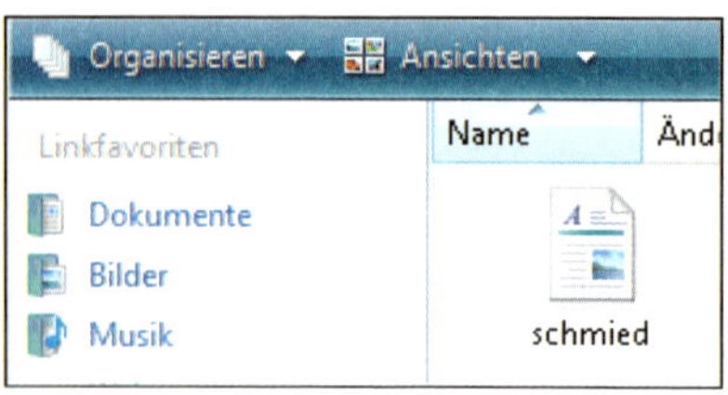

Dateien per Papierkorb löschen

Da überflüssige Dateien nur die Übersicht stören, empfiehlt es sich, diese regelmäßig zu löschen. Das geht fast genauso, wie Sie es im Abschnitt „Ordner anlegen und löschen" gesehen haben. Auch beim Löschen von Dateien können Sie zwischen mehreren Methoden wählen:

1 Klicken Sie die zu löschende Datei mit der rechten (!) Maustaste an, und wählen Sie im erscheinenden Kontextmenü den Befehl

Löschen.

Nachdem Sie den nachfolgenden Warnhinweis per Klick auf

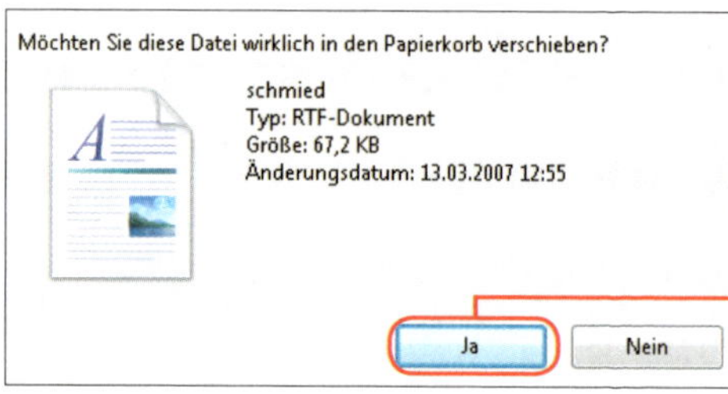

bestätigt haben, wird die Datei in den Papierkorb verschoben (gelöscht).

2 Sie können die Datei auch direkt in den Papierkorb werfen, ohne dass ein Warnhinweis erscheint. Dazu klicken Sie die Datei an, halten die Maustaste gedrückt und ziehen die Datei bei weiterhin gedrückter Maustaste über den Papierkorb.

Lassen Sie die Maustaste dann los, wird die Datei ebenfalls in den Papierkorb verschoben.

3 Natürlich können Sie Dateien auch per Tastatur löschen. Dazu markieren Sie die Datei mit einem Mausklick und drücken die Entf-Taste. Den anschließenden Warnhinweis bestätigen Sie, indem Sie die ↵-Taste drücken. Auch dann verschwindet die Datei im Papierkorb.

Versehentlich gelöschte Dateien retten

Sollten Sie sich bei einer Löschaktion vertan haben und die gelöschte Datei doch noch brauchen, ist auch das kein Problem. Denn wie in einem richtigen Papierkorb bleibt „der Müll" vorerst im elektronischen Papierkorb erhalten. Daher können Sie ihn aus Ihrem Papierkorb auch wieder herausfischen.

1 Wenn Sie unmittelbar nach dem Löschen feststellen, dass Sie die gelöschte Datei doch noch benötigen, klicken Sie mit der rechten (!) Maustaste in einen freien Bereich des Ordners, aus dem Sie die Datei gelöscht haben. Wählen Sie danach aus dem erscheinenden Kontextmenü den Befehl

Löschen rückgängig machen.

Den gleichen Effekt erzielen Sie übrigens, wenn Sie gleichzeitig die Strg- und die Z-Taste drücken.

2 Haben Sie mehrere Dateien aus unterschiedlichen Ordnern gelöscht, funktionieren die beiden im vorigen Schritt gezeigten Methoden nicht. Aber es gibt eine Lösung.

Da der Papierkorb auch ein Ordner ist, können Sie diesen einfach mit einem Doppelklick auf das Symbol öffnen, sodass die gelöschten Dateien angezeigt werden, im Beispiel: ●.

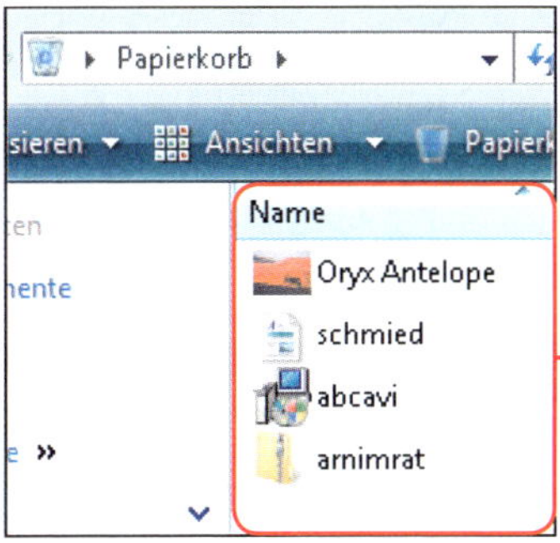

3 Nun können Sie die darin befindlichen (gelöschten) Dateien einfach wieder aus dem Papierkorb holen und in einen anderen Ordner verschieben, wie Sie es im Abschnitt „Dateien schnell verschieben" gelernt haben.

4 Falls Sie nicht mehr genau wissen, aus welchem Ordner Sie die Datei gelöscht haben, lassen Sie einfach den Papierkorb die Arbeit verrichten. Klicken Sie dazu die gewünschte Datei mit der rechten (!) Maustaste an, und wählen Sie im erscheinenden Kontextmenü den Befehl

Wiederherstellen.

Die entsprechende Datei wird daraufhin wieder in den richtigen Ordner verschoben.

5 Um mehrere Dateien gleichzeitig wieder aus dem Papierkorb zu holen, klicken Sie die gewünschten Dateien bei gedrückter Strg-Taste nacheinander an. Dadurch werden die Dateien markiert, was Sie daran erkennen können, dass sie jetzt blau hinterlegt sind:

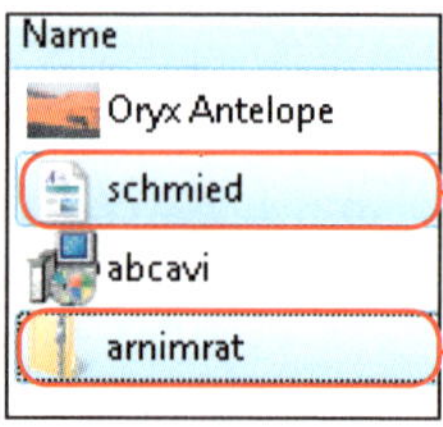

6 Anschließend brauchen Sie nur noch mit der rechten (!) Maustaste eine der markierten Dateien anzuklicken und dann aus dem Kontextmenü den Befehl

Wiederherstellen.

zu wählen - und schon werden alle markierten Dateien in die ursprünglichen Ordner zurück verschoben.

> **! Vorsicht beim Leeren des Papierkorbs**
>
> Klicken Sie den Papierkorb mit der rechten (!) Maustaste an, können Sie aus dem dann erscheinenden Kontextmenü den Befehl
>
> Papierkorb leeren
>
> wählen. Erst wenn Sie den nachfolgenden Warnhinweis per Mausklick auf
>
> 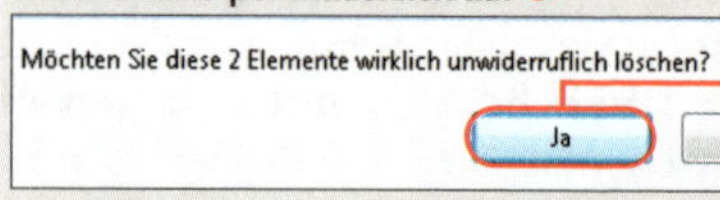
>
>
> bestätigt haben, werden die im Papierkorb befindlichen Dateien unwiderruflich gelöscht und können mit normalen Mitteln nicht mehr gerettet werden.

Die ZIP-Ordner für platzsparendes Speichern

Bei der Größe aktueller Festplatten ist fehlender Speicherplatz kaum noch ein Problem, sodass aus diesem Grund wohl keine Datei komprimiert werden muss. Doch für den Transport zum Beispiel mit einem **USB-Stift** sind komprimierte Dateien oft sehr hilfreich.

1 Als Erstes klicken Sie die Datei, die Sie komprimieren möchten, mit der rechten (!) Maustaste an, sodass sie markiert ist.

2 Danach wählen Sie aus dem erscheinenden Kontextmenü mit einem Mausklick den Befehl

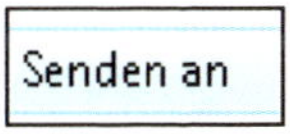

und aus dem aufklappenden Untermenü den Eintrag

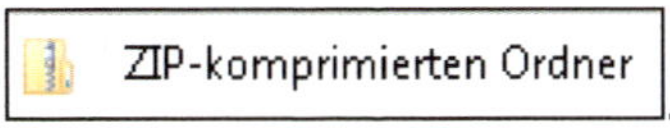

.

3 Daraufhin wird die gewählte Datei gepackt, und Sie können per Tastatur einen anderen Namen eingeben.

Sowie Sie dann auf die komprimierte Datei klicken, wird der neue Name der gepackten Datei zugeordnet.

4 Wenn Sie die Datei vor dem Packen anklicken, können Sie im unteren Teil des Fensters sehen, wie groß sie ist. In diesem Beispiel sind es 67,2 Kilobyte ●.

Die komprimierte Datei hat dagegen nur noch 27,0 Kilobyte ●.

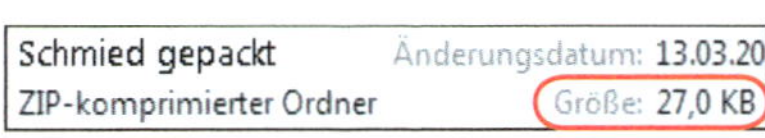

Dateien direkt per E-Mail versenden

Möchten Sie Dateien per **E-Mail** versenden, ist es angebracht, alle Dateien zu komprimieren. Einerseits sind die Dateien dann etwas kleiner. Noch wichtiger ist jedoch, dass viele Schutzprogramme Programme oder auch Bilder nicht durchlassen. Mit ZIP-Ordnern gibt es in der Regel aber keine Probleme.

1 Um eine komprimierte Datei zu versenden, klicken Sie diese mit der rechten (!) Maustaste an und wählen aus dem Kontextmenü wieder den Befehl

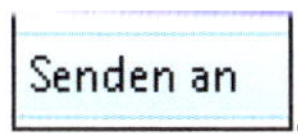

.

2 Im Untermenü, das daraufhin aufklappt, brauchen Sie nur noch auf den Befehl

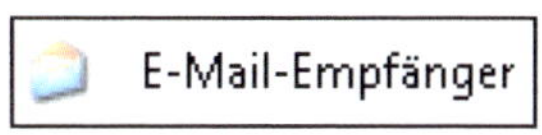

zu klicken. Anschließend wird die Datei an Ihr E-Mail-Programm gesendet, und Sie können sie wie gewohnt versenden.

Sollten Sie noch kein E-Mail-Programm haben, können Sie in Kapitel 9 nachlesen, wie das E-Mail-Programm von Windows Vista eingerichtet und benutzt wird.

3 Programme für viele Zwecke

Ohne Programme können Sie mit einem Computer nichts anfangen. Zwar bringt Windows Vista schon von Haus aus eine Menge Programme mit, unter anderem das Textverarbeitungsprogramm „WordPad", den für Musik und Videos zuständigen „Media Player", die Spiele-Sammlung oder das Internetzugriffsprogramm „Internet Explorer". Aber es fehlen natürlich noch Spezialprogramme für bestimmte Zwecke oder auch das eine oder andere Ihrer Lieblingsspiele.

Unter Windows Vista können Sie Programme und Spiele ganz einfach installieren. Wie dies ohne Risiko klappt und wie Sie ein neues Programm später bei Bedarf auch wieder loswerden, also von Ihrer Festplatte entfernen, wird Ihnen im Folgenden Schritt für Schritt gezeigt.

Im dritten Kapitel dieses Buches erfahren Sie,
- wie Sie Programme aufrufen und wieder schließen,
- wie Sie vor der Installation von Programmen Ihren Rechner sichern,
- wie Sie Programme direkt von CD/DVD installieren,
- wie Sie Programme auf die Festplatte kopieren, entpacken und installieren
- und wie Sie überflüssige Programme wieder entfernen,

Kapitel-Wegweiser

Anwendungen starten und beenden

Bei Windows werden fast alle Programme auf die gleiche oder zumindest ähnliche Weise bedient. Nur die speziellen Funktionen unterscheiden sich natürlich von Programm zu Programm. So hat eine Textverarbeitung beispielsweise andere Befehle als ein digitaler Taschenrechner. Doch in der grundsätzlichen Bedienung sind alle Programme auf die Windows-Umgebung zugeschnitten, sodass Sie nicht immer umdenken müssen. Egal also, welches Programm Sie verwenden, gestartet werden alle immer auf die gleiche Art und Weise.

1 Um beispielsweise die Textverarbeitung WordPad zu starten, klicken Sie als Erstes auf

,

danach im geöffneten Startmenü auf den Eintrag

und schließlich in der aufklappenden Programmliste auf

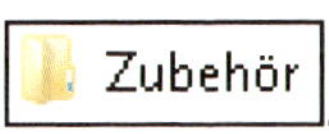
.

2 In der Liste der Zubehörprogramme starten Sie dann mit einem Mausklick auf den Eintrag das Programm, im Beispiel also

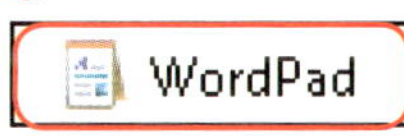
.

Kurz danach wird das entsprechende Programmfenster geöffnet.

Alternative Startmethode für Programme

Wenn Sie bereits Dateien auf Ihrem Rechner haben, so werden diese in den meisten Fällen von Windows automatisch erkannt. So reicht etwa bei einer Textdatei, die Sie schon erstellt haben, ein Doppelklick auf das Dateisymbol,

damit das Programm gestartet und das Dokument direkt angezeigt wird. Denn Windows startet immer das Programm, zu dem die jeweilige Datei gehört. Haben Sie zum Beispiel Microsoft Word installiert, werden Word-Dokumente auch mit dem entsprechenden Dateisymbol versehen

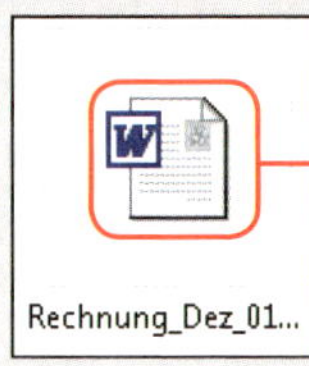

und dann mit Microsoft Word gestartet.

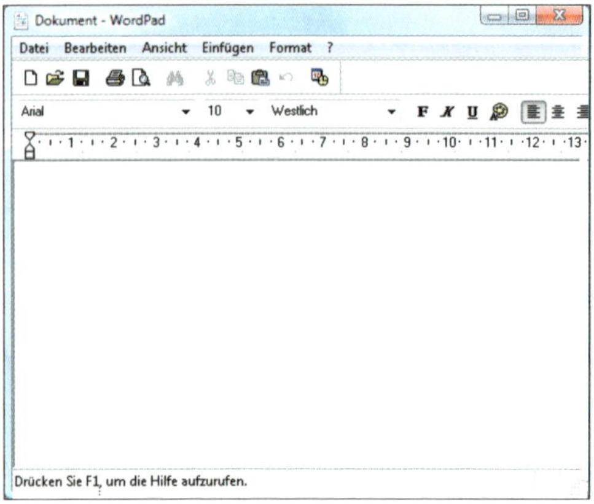

3 Zum Schließen des Programms genügt ein Klick auf das Schließkreuz rechts oben: .

Der schnelle Start mit der Suchfunktion

Mit der integrierten Suchfunktion von Windows Vista können Sie nicht nur Dateien suchen, sondern auch Programme. Dadurch klappt der Zugriff oft noch schneller.

1 Öffnen Sie das Startmenü mit einem Mausklick auf

,

und tippen Sie den Namen des gewünschten Programms in das Suchfeld ein, im Beispiel .

2 Schon während der Eingabe sucht Windows Vista das entsprechende Programm und zeigt es direkt an.

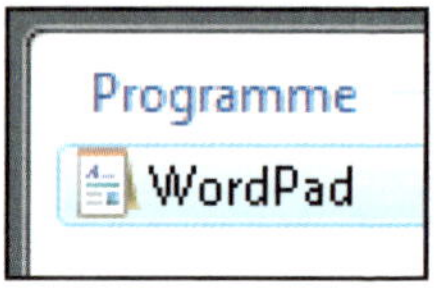

Dann reicht ein Doppelklick auf den Eintrag - und schon startet das Programm.

3 Auf die gleiche Weise können Sie übrigens auch ein bereits bestehendes Dokument aufrufen. Dazu geben Sie ebenfalls den Namen des Dokuments in das Suchfeld ein, in diesem Beispiel .

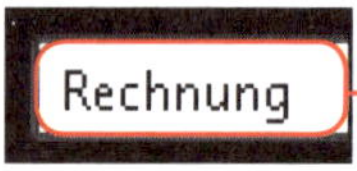

Sobald Sie dann doppelt auf den Eintrag klicken, wird das Dokument mit dem entsprechenden Programm geöffnet.

Erst System sichern, dann installieren

Wie eingangs erwähnt, lassen sich unter Windows Vista Programme und Spiele ganz einfach installieren. Damit Sie bei der Installation jedoch immer auf der sicheren Seite sind, sollten Sie zuvor grundsätzlich eine Sicherung durchführen. Denn natürlich ist nicht völlig auszuschließend, dass bei der Installation etwas schiefgeht oder zum Beispiel der Strom ausfällt. Zudem kann auch ein Programm selbst fehlerhaft sein und dann im schlimmsten Fall nicht mehr ohne Weiteres entfernt werden. Um all diese Probleme zu vermeiden, ist es sehr wichtig, im Vorfeld eine Systemsicherung vorzunehmen. Für die Systemsicherung hat Windows die sogenannten „Systemwiederherstellungspunkte“ vorgesehen, mit denen die wichtigen Einstellungen gesichert und bei einem Problemfall wiederhergestellt werden können.

1 Um die Systemwiederherstellung zu starten, klicken Sie auf

und im geöffneten Startmenü auf

und wählen aus der dann geöffneten Programmliste per Mausklick den Ordner

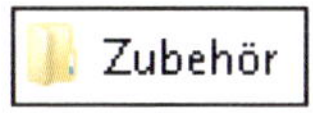

und anschließend

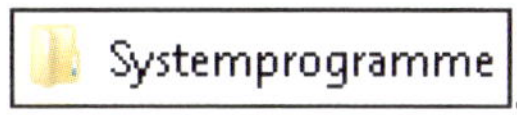

.

2 Nach einem weiteren Klick auf den Eintrag

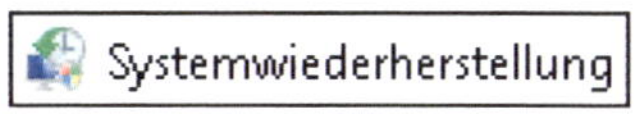

erscheint ein Warnhinweis, den Sie zur Kenntnis nehmen, indem Sie auf die Schaltfläche

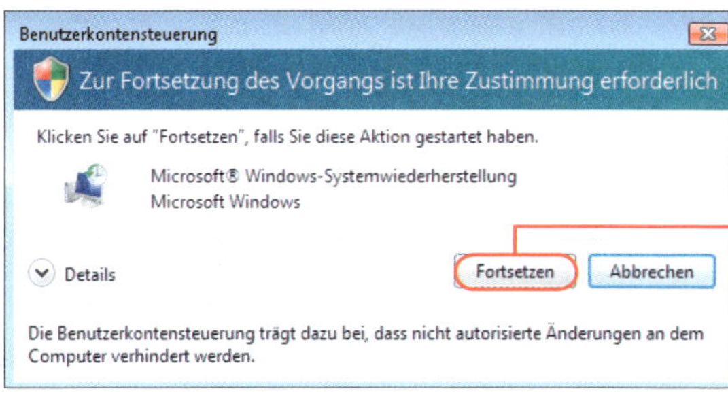

klicken.

3 Im Fenster, das daraufhin angezeigt wird, brauchen Sie nur auf den blau hinterlegten Eintrag

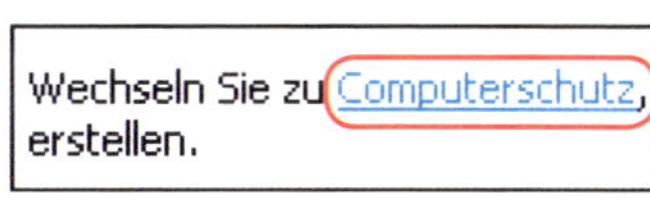

und danach auf

zu klicken. Und im dann folgenden Fenster genügt ein Klick auf

.

4 Als Nächstes geben Sie per Tastatur einen Namen für die Sicherung ein. Am praktischsten ist es dabei, den Namen des Programms zu wählen, das Sie installieren möchten. In diesem Beispiel ist es ●.

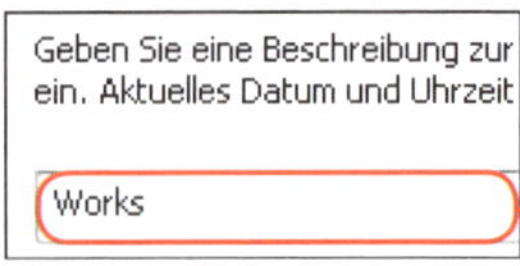

Wenn Sie danach auf die Schaltfläche

klicken, wird der Wiederherstellungspunkt angelegt.

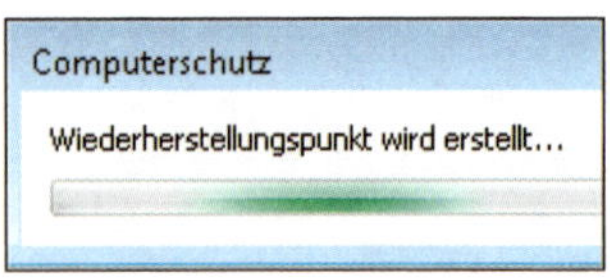

5 Anschließend wird noch eine Meldung ausgegeben, die Sie mit einem Mausklick auf die Schaltfläche ●

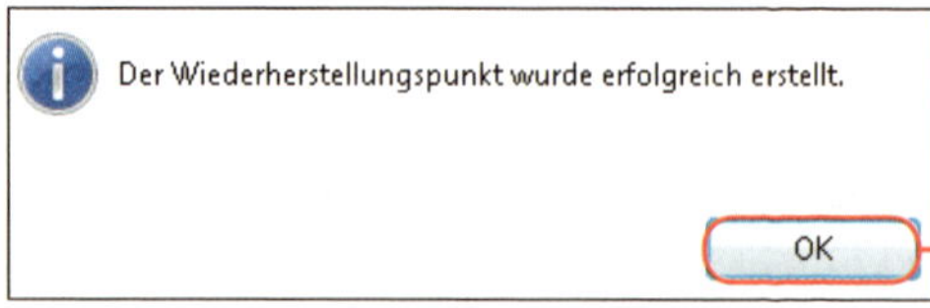

bestätigen. Damit haben Sie einen Sicherungspunkt angelegt und können das noch offene Fenster per Klick auf

schließen.

6 Sollten Sie künftig nach einer verunglückten Installation gezwungen sein, Ihr Windows wieder auf den Stand zu bringen, der vor der Installation des neuen Programms herrschte, wiederholen Sie Schritt 1 und 2 dieser Anleitung. Klicken Sie dann jedoch einfach auf

und im nächsten Fenster auf

.

Daraufhin wird Ihr Rechner wieder genauso eingerichtet wie vor der Installation des Programms.

Ein Programm von einer CD aus installieren

Viele Programme oder Spiele erhalten Sie auf einer CD oder DVD. Windows Vista erkennt diese normalerweise direkt nach dem Einlegen und bietet Ihnen sofort die Installation direkt von der CD/DVD aus an. Im Folgenden soll beispielhaft „Works“ installiert werden, eine Programmsammlung, die vielen Rechnern auf CD beiliegt.

1 Nachdem Sie die Programm-CD oder -DVD in Ihr DVD-Laufwerk eingelegt haben, schlägt Ihnen Windows Vista vor, die Installation zu starten (auszuführen). Klicken Sie auf den markierten Eintrag

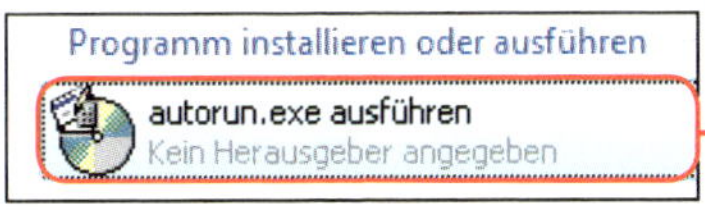

und anschließend in der Sicherheitsmeldung auf,

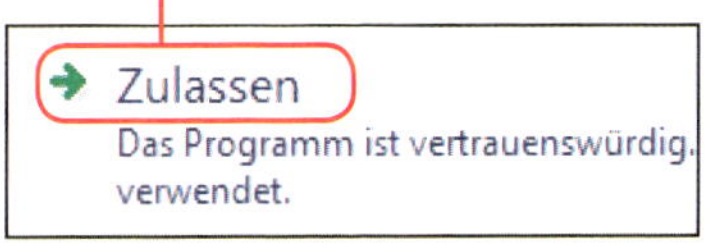

um die Installation in Gang zu setzen. Den nachfolgenden Begrüßungsbildschirm des Programms bestätigen Sie per Klick auf die Schaltfläche

.

2 Den vorgesehenen Speicherort für das Programm legt Windows Vista automatisch fest.

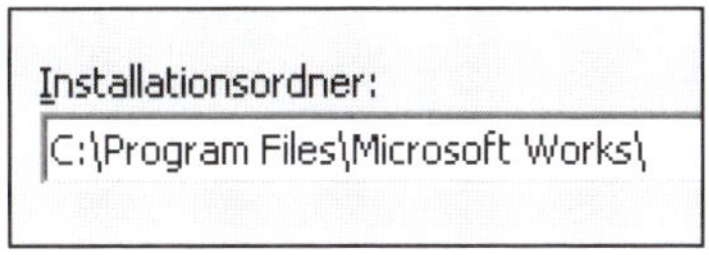

Bestätigen Sie die Einstellung, ebenso wie das dann folgende Fenster, jeweils mit einem Mausklick auf

.

3 Damit die Installation jetzt endgültig startet, klicken Sie im nächsten Fenster einfach auf

.

Den Verlauf der Installation können Sie am Bildschirm mitverfolgen.

Ist die Installation abgeschlossen, wird eine Meldung ausgegeben. Zum Schluss reicht ein Mausklick auf die Schaltfläche

.

Ein Programm vor der Installation auf die Festplatte kopieren

Programme aus dem Internet oder von CDs, die beispielsweise Computer- oder Spielezeitschriften beiliegen, müssen in der Regel erst auf die Festplatte kopiert werden, bevor diese installiert werden können. Wenn Sie ein Programm aus dem Internet geladen haben, wird es in Ihrem Dateiordner „**Download**“ gespeichert. Hinzu kommt, dass viele kleine Programme nur als komprimierte Dateien auf den Rechner gelangen und daher zunächst ausgepackt werden müssen.

1 Legen Sie die CD/DVD mit dem Programm, das Sie installieren möchten, in Ihr DVD-Laufwerk ein. Sobald sich das Auswahlmenü öffnet, klicken Sie auf den Eintrag ●.

2 Als Nächstes klicken Sie auf den Ordner, der das Programm enthält, im Beispiel ●.

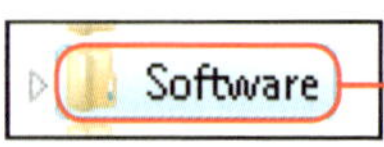

Daraufhin taucht im rechten Teil des Ordnerfensters der Ordner mit dem gewünschten Programm auf. Klicken Sie hier den entsprechenden Eintrag mit der rechten (!) Maustaste an, etwa ●,

mit der rechten (!) Maustaste an, und wählen Sie im erscheinenden Kontextmenü ●.

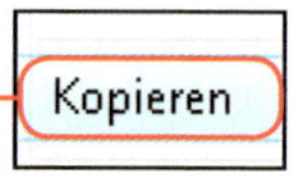

3 Danach klicken Sie im linken Teil des Fensters in der Ordnerliste auf den Ordner für Ihre Dateien (Dokumente) ●,

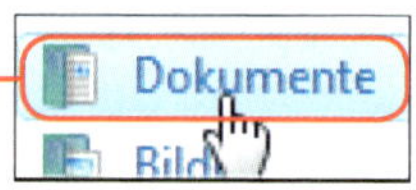

damit das entsprechende Fenster geöffnet wird. Klicken Sie darin - wieder mit der rechten (!) Maustaste - auf einen freien Bereich, und wählen Sie dann den Eintrag ●.

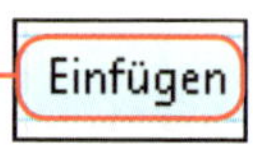

Daraufhin wird das Programm in Ihren Dokumente-Ordner kopiert.

Ein komprimiertes Programm auspacken

Ein Programm, das komprimiert beziehungsweise gepackt ist, müssen Sie grundsätzlich erst auf die Festplatte kopieren, da das „Entpacken" (Extrahieren) auf einer CD/DVD nicht funktioniert.

1 Haben Sie das gepackte Programm wie beschrieben auf Ihre Festplatte kopiert, können Sie es sofort auspacken. Klicken Sie dazu das komprimierte Programm mit der rechten (!) Maustaste an, im Beispiel ●,

und wählen Sie im erscheinenden Kontextmenü per Mausklick auf den Eintrag den Befehl

.

2 Im nachfolgenden Fenster erfahren Sie, was mit den ausgepackten Dateien geschieht. Windows Vista legt direkt einen Ordner für das Programm an ● und zeigt diesen dann mit den ausgepackten Dateien an.

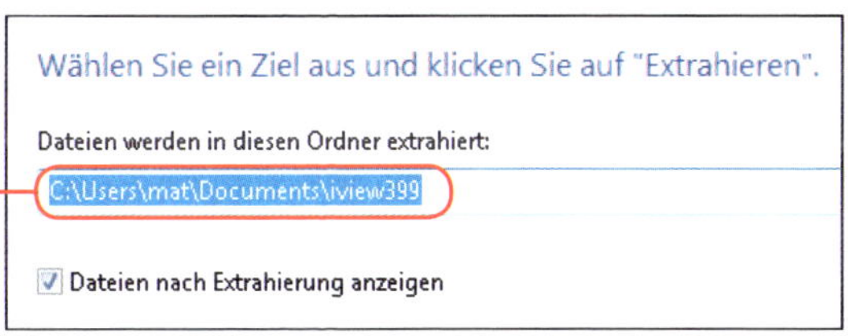

Sie brauchen also einfach nur auf die Schaltfläche

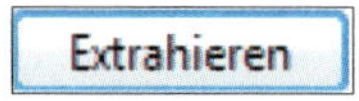

zu klicken.

3 Daraufhin werden die Dateien ausgepackt. Je nach Größe der Datei kann das durchaus ein paar Sekunden dauern.

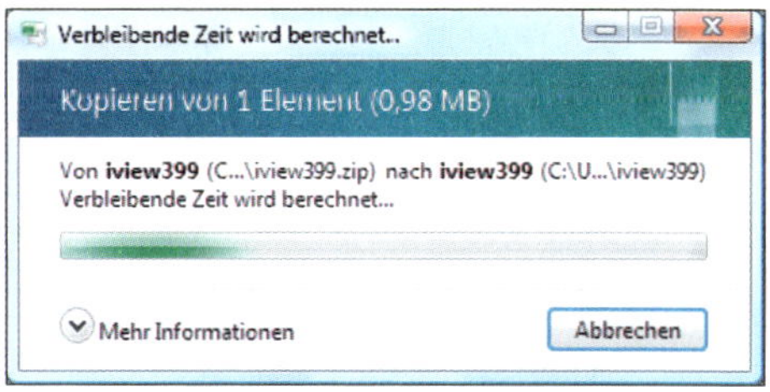

Anschließend wird der neue Ordner mit dem Programm angezeigt

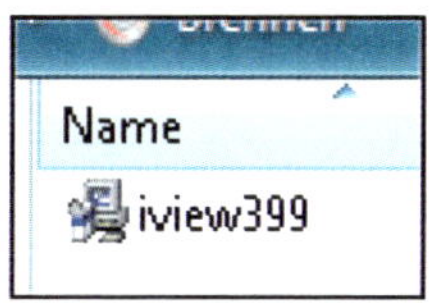

Ein ausgepacktes Programm installieren

Wenn Sie ein Programm von einer CD/DVD auf die Festplatte kopiert und dann ausgepackt haben, sind es nur noch ein paar Mausklicks, bis Ihnen das Programm zur Verfügung steht. Im Beispiel handelt es sich um das kostenlose Grafikprogramm „IrfanView", das auch schon mal auf der DVD von COMPUTERBILD (7/2007) zu finden war.

Programm mit den benötigten Rechten starten

Sollte sich ein Programm nicht installieren lassen, müssen Sie es als Administrator starten. Denn aus Sicherheitsgründen verweigert Windows Vista die Installation eines Programms, das ihm nicht bekannt ist. Haben Sie das Programm aus einer vertrauenswürdigen Quelle wie zum Beispiel COMPUTERBILD, können Sie ein solches Programm aber trotzdem installieren. Klicken Sie dazu das Programmsymbol mit der rechten (!) Maustaste an, und wählen Sie im erscheinenden Kontextmenü mit einem Mausklick den Eintrag ●.

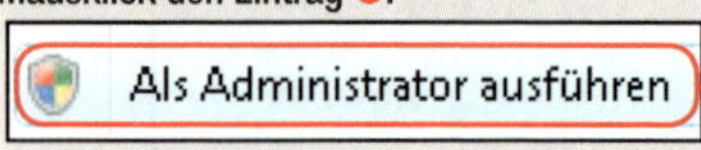

Damit wird das Programm mit den benötigten Rechten versehen und kann installiert werden. Sie müssen nur noch den nachfolgenden Warnhinweis per Klick auf ●

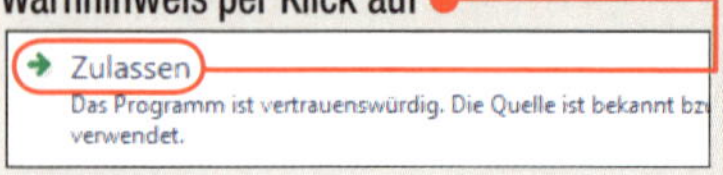

bestätigen.

1 Im Normalfall klicken Sie einfach das Programmsymbol doppelt an, damit die Installation in Gang gesetzt wird. Zuerst wird ein Begrüßungsfenster sichtbar.

Klicken Sie darin, ebenso wie im nächsten Fenster, auf die Schaltfläche

.

2 Anschließend können Sie festlegen, welche Grafikdateien Sie mit diesem Programm künftig automatisch per Doppelklick starten möchten. Wenn Sie zur Anzeige von Bilddateien weiterhin das Grafik-Anzeigeprogramm von Windows Vista verwenden wollen, lassen Sie alle Kästchen leer ●

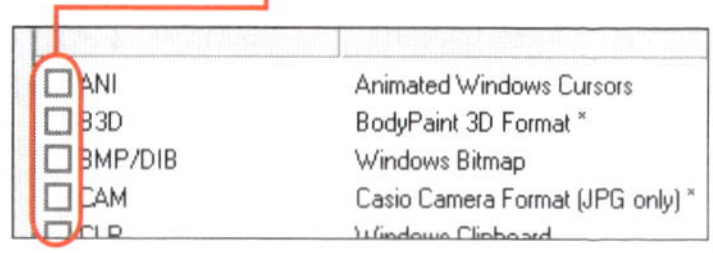

und klicken direkt auf

.

3 Als Nächstes wird Ihnen die Möglichkeit geboten, die sogenannte „Google Desktop Search" zu installieren. Dieses Programm bietet Ihnen weitere Suchmöglichkeiten auf Ihrem Rechner und im Internet.

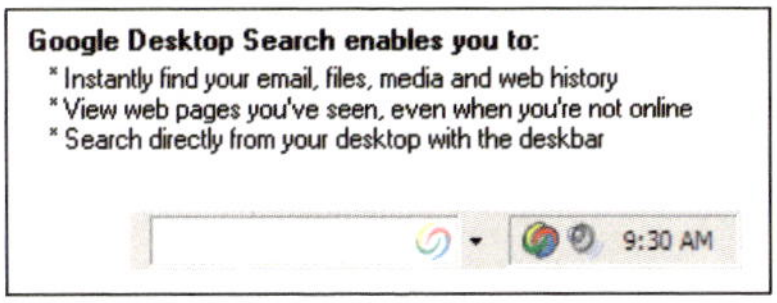

Nur wenn Sie dieses Programm wirklich wünschen, lassen Sie die Voreinstellung unverändert: ●.

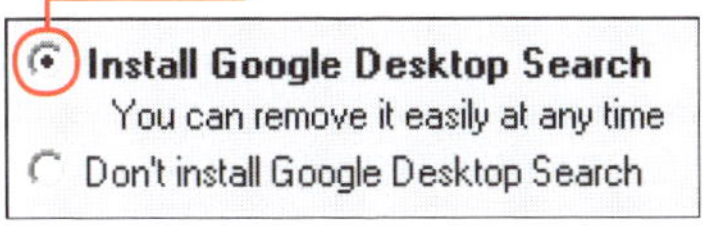

Sicherer ist es jedoch, so wenige Programme wie möglich zu installieren. Klicken Sie daher auf den zweiten Eintrag, sodass der Punkt im Kreis davor erscheint: ●.

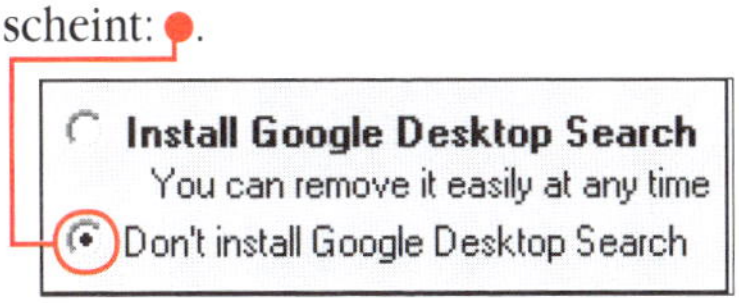

Es folgt wieder ein Mausklick auf

.

4 Nach einem weiteren Klick auf die Schaltfläche „Weiter" wird das Programm installiert. Wenn Sie die abschließende Erfolgsmeldung per Klick auf

bestätigt haben, finden Sie das Symbol des Programms auf Ihrem Desktop.

Künftig lässt sich das Programm ganz einfach per Doppelklick auf dieses Symbol starten und verwenden.

Überflüssige Programme entfernen

Manchmal kann es notwendig werden, Programme wieder vom Computer zu entfernen. Beispielsweise dann, wenn Sie die neuere Version eines Programms verwenden möchten. In dem Fall ist es nämlich besser, zuvor die alte Version zu löschen. Oder Sie benötigen das installierte Programm nicht mehr. Auch in diesem Fall empfiehlt es sich, das überflüssige Programm einfach zu entfernen.

1 Um ein Programm wieder von Ihrem Rechner zu entfernen, klicken Sie zunächst auf

,

danach auf den Eintrag

und schließlich in der geöffneten Systemsteuerung auf ●.

2 Daraufhin wird die Liste mit den installierten Programmen angezeigt, etwa ●.

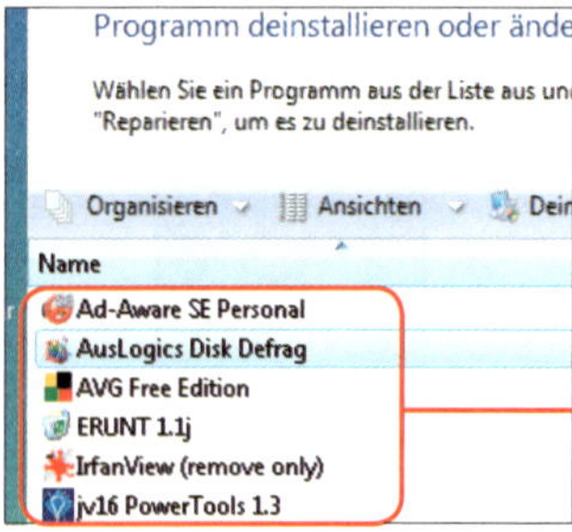

Markieren Sie das Programm, das Sie entfernen möchten, mit einem Mausklick, im Beispiel

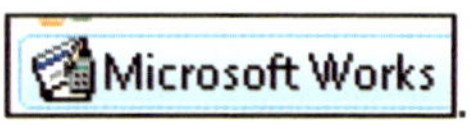

.

3 Damit das Programm nun entfernt wird, klicken Sie auf die Schaltfläche

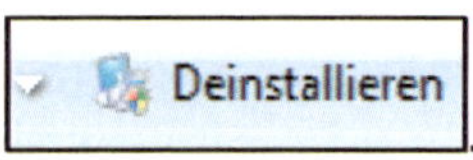

.

Zur Sicherheit fragt Windows noch einmal nach, ob Sie das Programm tatsächlich entfernen wollen. Bestätigen Sie diese Nachfrage per Klick auf.

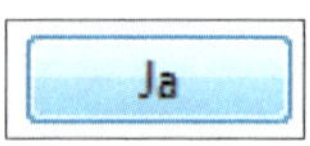

Danach erscheint wieder ein Warnhinweis, den Sie bestätigen müssen, indem Sie auf die Schaltfläche ● klicken.

4 Erst dann wird die Deinstallation vorbereitet und durchgeführt.

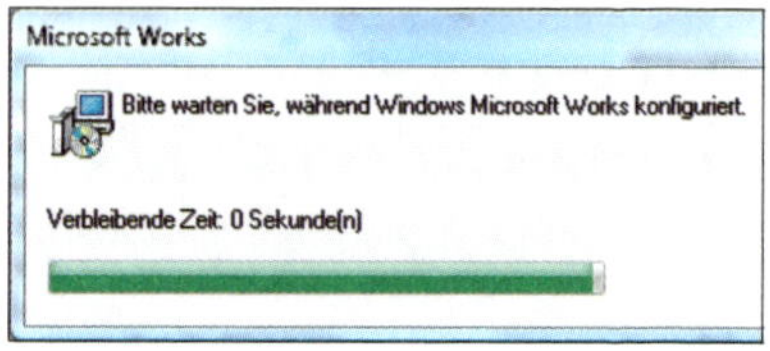

Sobald das Programm aus der Liste verschwunden ist, können Sie das Fenster aus Schritt 2 ebenso wie das der Systemsteuerung mit einem Mausklick auf

schließen.

Vorsicht beim Entfernen von Programmen

Entfernen Sie ein Programm nie anders als auf die hier beschriebene Weise! Denn wenn Sie einfach den Programmordner mit dem Programm löschen, verbleiben immer noch Reste auf der Festplatte – und die stören das Betriebsprogramm erheblich. Dadurch kann der ganze Computer instabil werden. Und dies wiederum kann zu Datenverlust führen. Im schlimmsten Fall wird dann eine komplette Neuinstallation des Computers notwendig.

4 Brennen mit Windows Vista

Auf Ihrem Rechner befinden sich nach kurzer Zeit wahrscheinlich sehr viele Dateien. Wenn Sie diese irgendwohin mitnehmen oder aber in Sicherheit bringen möchten, sollten Sie sie auf CD oder DVD brennen. Da in fast jedem modernen Rechner heutzutage ein sogenannter Brenner eingebaut ist, benötigen Sie nur noch ein Brennprogramm - und dieses ist in Windows sogar schon integriert. Texte, Bilder, Musikdateien und Videos lassen sich also ohne Schwierigkeiten mit Bordmitteln auf die Silberscheiben bannen.

So können Sie sich zum Beispiel Ihre Lieblingsmusik auf CD brennen und dann mit Ihrem **MP3**-Player auch unterwegs hören. Wollen Sie allerdings auf Nummer sicher gehen und Ihre Musikdateien nicht nur mit einem MP3-Player, sondern auch in jedem DVD- oder CD-Spieler abspielen lassen, besteht zudem die Möglichkeit, mit dem „Windows Media Player" richtige Musik-CDs herzustellen. Oder möchten Sie Ihre Urlaubsvideos auf eine DVD brennen, um sie sich mit einem DVD-Player anzusehen? Für diesen Fall hat Windows den „DVD Maker" anzubieten, mit dem die Herstellung eines kleinen Films kinderleicht ist

Im vierten Kapitel dieses Buches erfahren Sie,
- wie Sie beliebige Dateien auf CD oder DVD brennen,
- wie Sie mit dem Media Player eine eigene Musik-CD brennen
- und wie Sie mit dem DVD Maker Videos vorführfertig auf eine DVD brennen.

Kapitel-Wegweiser

Dateien auf CD/DVD brennen

Zum Brennen von Dateien brauchen Sie einen DVD-Brenner (in modernen Rechnern bereits eingebaut) sowie Rohlinge und ein Brennprogramm. Letzteres müssen Sie gar nicht extra kaufen, da Windows Vista eine Brennfunktion mit an Bord hat, mit der Sie Ihre Dateien ganz einfach auf CD/DVD brennen können. Dabei ist es vollkommen gleichgültig, um welche Art von Dateien es sich handelt. Ob Textdateien, Programme, Videos, Musikstücke oder Bilder: Alle lassen sich auf einen Rohling bannen.

! Unterschiede zwischen CD- und DVD-Brenner und -Rohlingen

Ein DVD-Brenner kann sowohl mit DVDs als auch mit CDs umgehen. Haben Sie jedoch einen CD-Brenner eingebaut, so kann dieser ausschließlich CDs beschreiben.

Der wichtigste Unterschied zwischen einer CD und einer DVD besteht in der Menge an Daten, die auf den jeweiligen Rohling passen. Bei einem CD-Rohling sind das im Normalfall 700 Megabyte und bei einem DVD-Rohling erheblich mehr: 4,7 Gigabyte. Windows Vista erkennt den jeweiligen Rohling, unmittelbar nachdem Sie ihn eingelegt haben, und informiert Sie automatisch über das entsprechende Medium, sei es eine

oder eine

Für die schnelle Sicherung oder den Transport von Daten ist die CD das geeignete Medium. Bei großen Datenmengen, wie zum Beispiel Videos, kommt die DVD zum Einsatz.

1 Wenn Sie Dateien auf eine CD brennen möchten, legen Sie einen leeren Rohling in Ihren Brenner ein und schließen das Laufwerk. Im daraufhin erscheinenden Auswahlfenster klicken Sie auf

und im nachfolgenden Fenster auf den Eintrag .

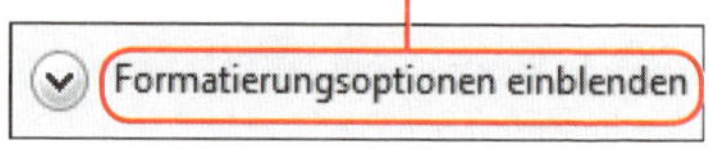

2 Damit die CD, die Sie jetzt brennen wollen, auch in allen DVD-Laufwerken problemlos abgespielt werden kann, klicken Sie auf den Eintrag ,

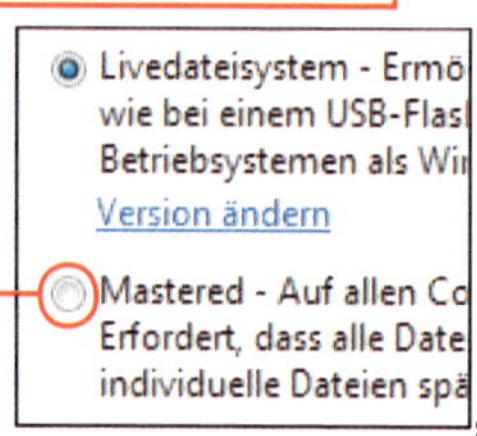

,

sodass im Kreis ein Punkt erscheint ●,

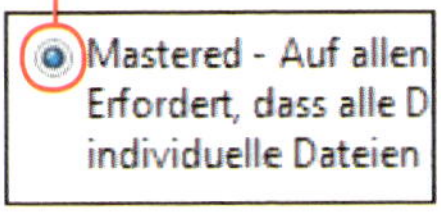

und anschließend auf

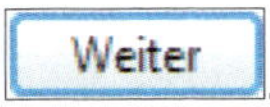

.

Danach wird ein Brennerfenster für Ihre Dateien geöffnet.

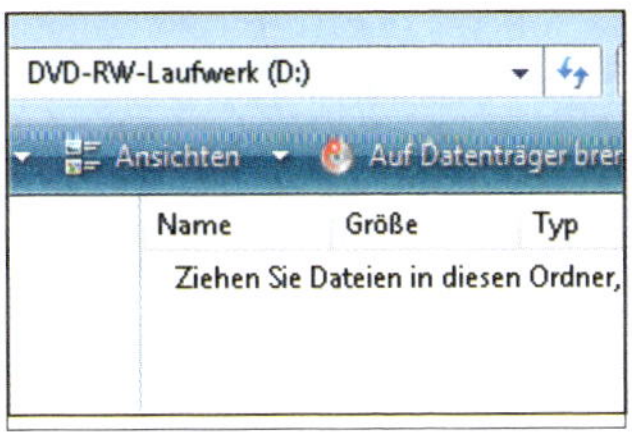

3 Um nun Zugriff auf die Dateien zu erhalten, die auf CD gebrannt werden sollen, klicken Sie als Erstes auf

und danach auf

und wechseln im Fenster, das dann angezeigt wird, in den Ordner mit den gewünschten Dateien, im Beispiel: ●.

Nun sehen Sie sowohl das Brennerfenster ● als auch das Fenster mit Ihren Dateien ●.

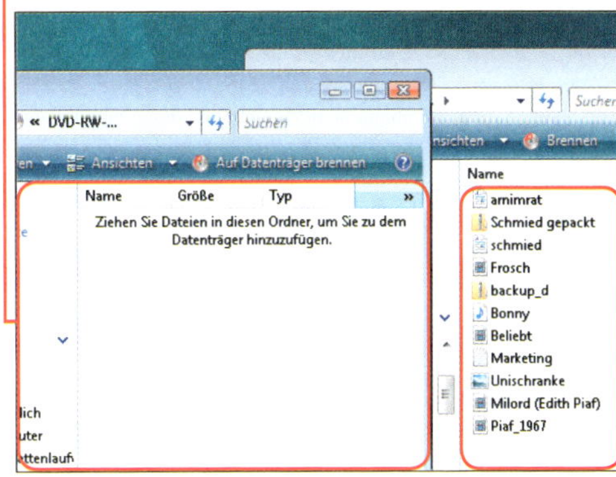

4 Klicken Sie die jeweiligen Dateien im geöffneten Ordner an, etwa ●,

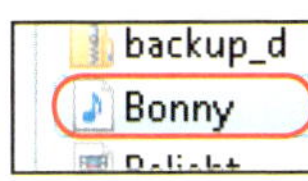

halten Sie die Maustaste gedrückt, und ziehen Sie die Einträge mit weiterhin gedrückter Maustaste in das Brennerfenster. Sobald Sie dann die Maustaste loslassen, taucht die Datei im Brennerfenster auf.

5 Nachdem Sie auf diese Weise alle gewünschten Dateien in das Brennerfenster gezogen haben, klicken Sie in der Menüleiste auf

.

Im Fenster, das daraufhin angezeigt wird, können Sie das aktuelle Datum als Titel der CD übernehmen

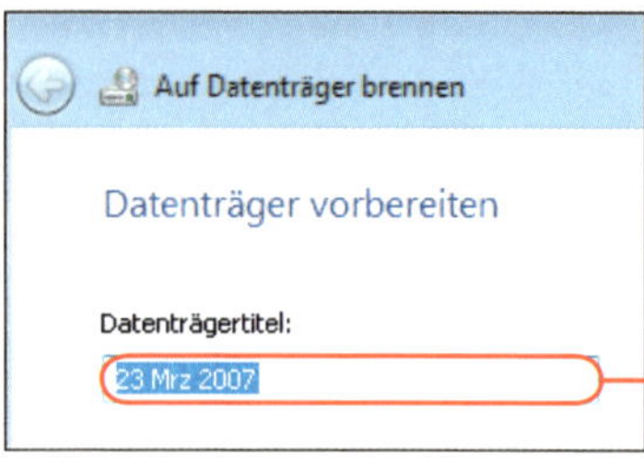

oder aber per Tastatur mit einem beliebigen Namen überschreiben. Klicken Sie danach auf

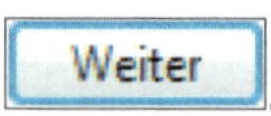

.

6 Anschließend stehen zwei Optionen für das Brennen der CD zur Wahl.

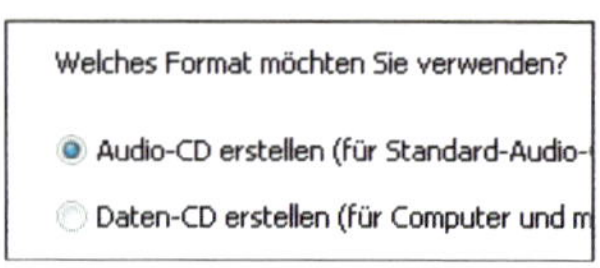

Da Sie die gebrannte CD später auf vielen unterschiedlichen Geräten verwenden möchten, wählen Sie mit einem Mausklick den zweiten Eintrag aus, sodass im Kreis davor ein Punkt erscheint: .

Es folgt erneut ein Klick auf die Schaltfläche

.

7 Daraufhin werden Ihre Dateien auf den Rohling gebrannt.

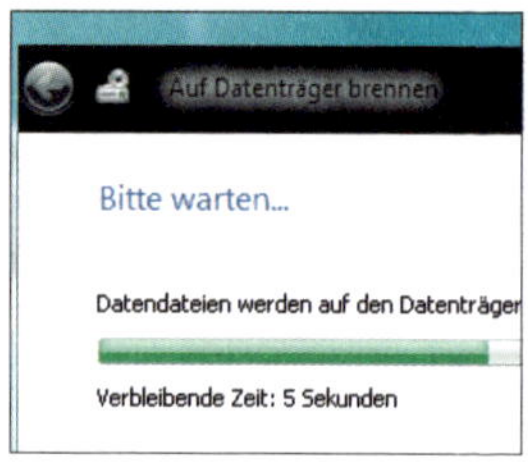

Ist der Vorgang abgeschlossen, wird die CD automatisch ausgeworfen. Die abschließende Meldung beantworten Sie per Klick auf

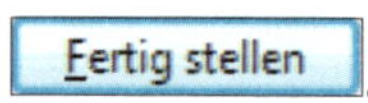

.

Die auf diese Weise gebrannte CD können Sie jetzt sowohl mit Ihrem Computer als auch mit vielen gängigen DVD-Abspielgeräten verwenden. Sollte es sich dabei um Musikdateien handeln, können Sie diese auch auf einen MP3-Player übertragen.

Die eigene Musik-CD brennen

Musikdateien, die auf Ihrem Rechner gespeichert sind, können Sie, wie im letzten Abschnitt gezeigt, ganz einfach auf eine CD brennen. Da diese Musikdateien komprimiert sind, nehmen sie weniger Platz weg, können allerdings nicht wie eine kommerzielle Musik-CD auf jedem CD- Player abgespielt werden. Um die gespeicherten Dateien abspielen zu können, muss das Gerät **MP3**- und **WMV**-fähig sein. Das sind die Standardformate für komprimierte Musikdateien. Diese Dateien können in vielen Fällen auch auf einem CD-Abspielgerät verwendet werden. Damit Ihre Musikdateien jedoch in jedem Fall auf einem normalen CD oder DVD-Abspielgerät zu hören sind, müssen die Dateien zunächst umgewandelt werden. Dazu haben Sie mit dem Windows Media Player schon das passende Programm zur Hand. Mit dem Media Player können Sie sogar Ihre ganz eigene Musik-CD brennen, indem Sie Ihre Lieblingsstücke aus unterschiedlichen Musikalben zusammenstellen.

1 Um den Media Player zu starten, klicken Sie wie gewohnt im geöffneten Startmenü auf

und anschließend in der Menüleiste auf den Eintrag

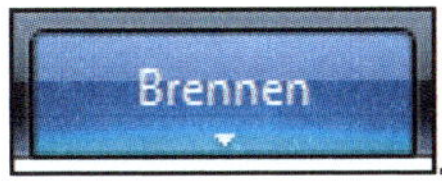

.

2 Als Nächstes wählen Sie in der Ordnerliste des Media Players mit einem Mausklick den Ordner aus, der Ihre gespeicherten Musikalben enthält, etwa ●,

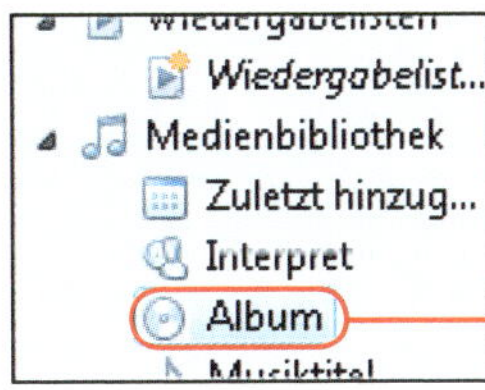

und danach das Album, das Sie auf CD brennen möchten, im Beispiel ●.

Daraufhin sehen Sie im rechten Teil des Media Players die Brennliste ●.

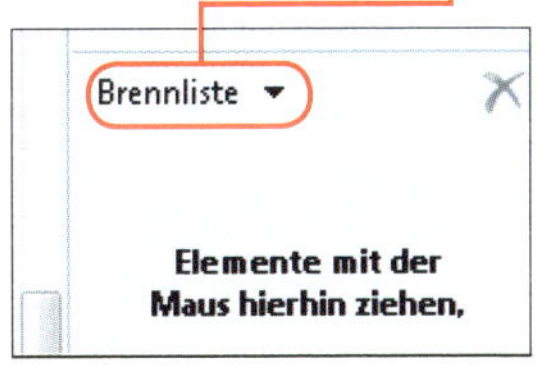

3 Wenn Sie alle Musikstücke des Albums auf CD brennen wollen, klicken Sie das Bild des Albums an, halten die Maustaste gedrückt und ziehen das Album mit weiterhin gedrückter Maustaste in die Brennliste: ●.

Lassen Sie die Maustaste los, erscheinen die Titel umgehend in der Liste, die die zum Brennen vorgesehenen Musikstücke enthält.

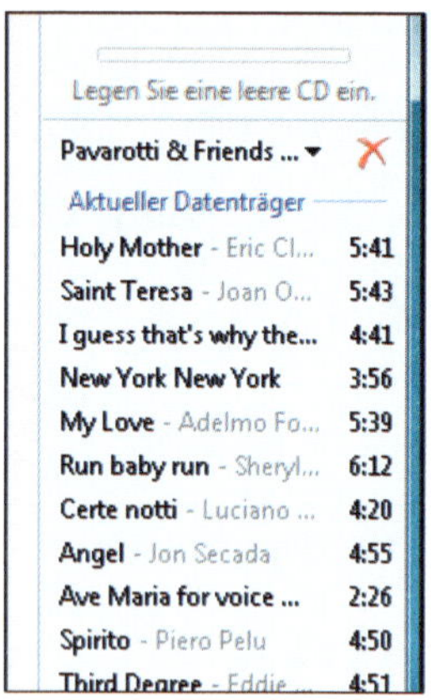

4 Falls Sie hingegen nur bestimmte Titel aus dem Album brennen möchten, klicken Sie die entsprechenden Musikstücke einfach an, etwa ●,

und ziehen sie nacheinander - wie in Schritt 3 dargestellt - in die Brennliste.

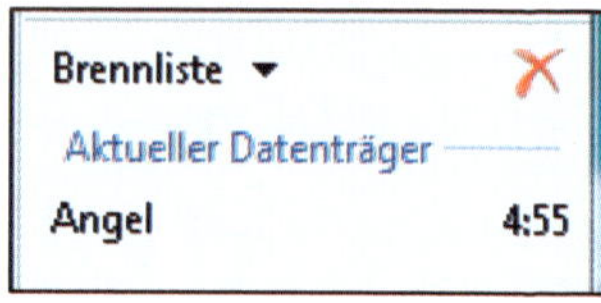

5 Anschließend legen Sie einen Rohling in Ihren Brenner ein. Sollte dann das folgende Fenster erscheinen, klicken Sie einfach auf das Schließkreuz ●.

Nun brauchen Sie im Brennerfenster nur noch auf die Schaltfläche

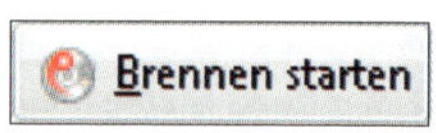

zu klicken - und schon wird Ihre neue CD mit den ausgewählten Musikstücken gebrannt.

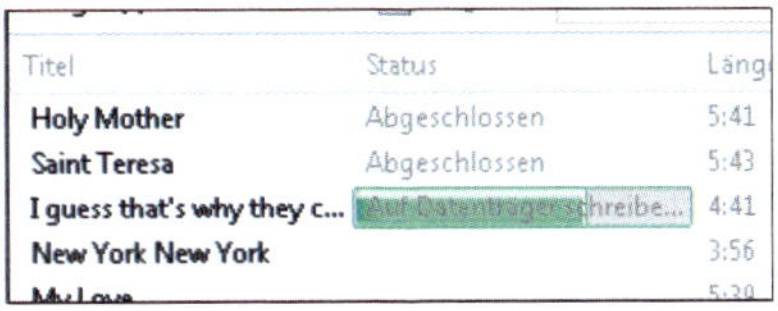

6 Ist der Vorgang beendet, wird die fertige Musik-CD ausgeworfen. Sie können sie dann wie gewohnt abspielen. Das Fenster des Media Players schließen Sie mit dem üblichen Klick auf das Schließkreuz.

Eine Film-DVD mit dem DVD Maker brennen

Wenn Sie zum Beispiel Ihre Urlaubsvideos auch Freunden außerhalb der eigenen vier Wände zeigen möchten, ist der „DVD Maker" von Windows Vista für Sie das richtige Programm. Damit können Sie Ihre Videos nicht nur auf eine DVD brennen, sondern auch - wie bei einer handelsüblichen DVD - mit Titeln und einem Menü versehen, sodass Sie später ganz komfortabel direkt auf bestimmte Kapitel zugreifen können.

1 Starten Sie den Windows Vista DVD Maker per Klicks auf

und im geöffneten Startmenü auf

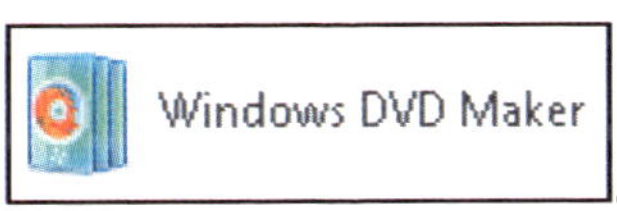

.

Sollte sich das Programmsymbol nicht gleich im Startmenü befinden, klicken

Hohe Anforderungen an die Grafikkarte

Der DVD Maker liegt den Versionen „Home Premium" und „Ultimate" von Windows Vista bei. Bei der „Basic"-Version wird das Programm nicht mitgeliefert! Aber selbst wenn Sie die Home Premium oder Ultimate besitzen, ist nicht auszuschließen, dass das Programm nicht verwendet werden kann. Der Grund: Entscheidende Voraussetzung ist eine gute Grafikkarte! Achten Sie also beim Kauf eines Rechners darauf, dass die Grafikkarte die Anforderungen von Vista erfüllt. Bei einem älteren Rechner hilft nur ausprobieren oder den Fachverkäufer fragen. Wenn Sie versuchen, den DVD Maker zu starten, obwohl Ihre Grafikkarte dafür nicht ausreicht, erhalten Sie nur die folgende Meldung: .

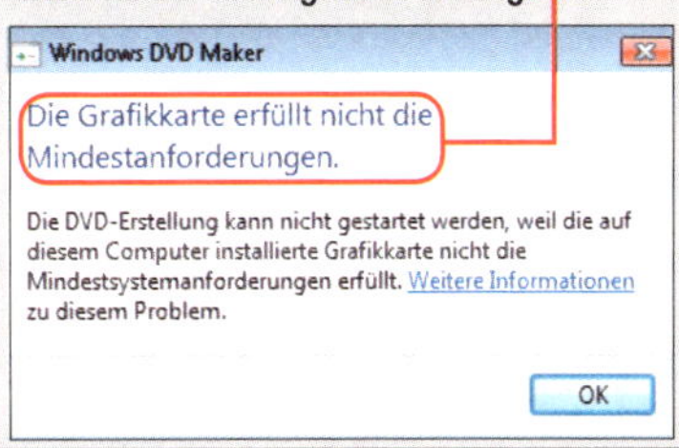

Sie zuerst auf

und wählen den Eintrag dann aus der vollständigen Programmliste aus.

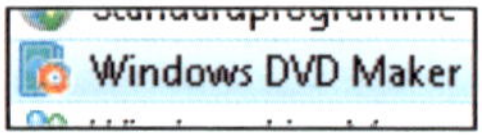

2 Im Startfenster des DVD Maker klicken Sie auf die Schaltfläche

und im nachfolgenden Fenster auf den Eintrag

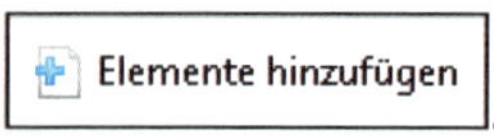

.

Daraufhin wird der Ordner mit Ihren Videodateien geöffnet.

3 Markieren Sie nun mit einem Mausklick die Videodateien, die Sie auf DVD brennen möchten.

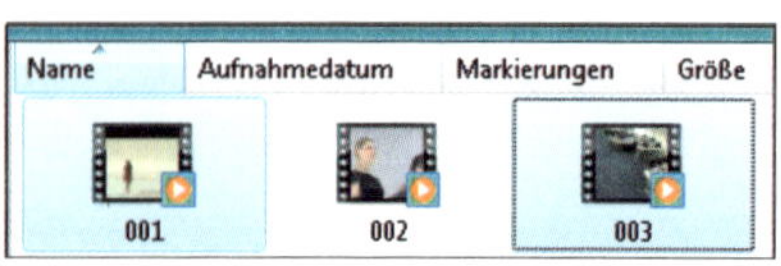

Um mehrere Dateien gleichzeitig zu markieren, klicken Sie die erste Datei an, drücken die Strg-Taste, halten die Taste gedrückt und klicken nacheinander auch die anderen gewünschten Dateien an. Lassen Sie die Taste nach der Auswahl wieder los. Sowie Sie dann auf die Schaltfläche

klicken, werden die ausgewählten Videos im Fenster des DVD Maker angezeigt.

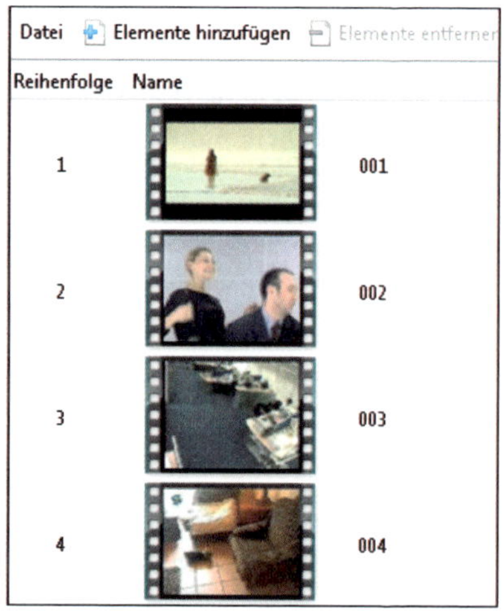

4 Die Videos werden in der angezeigten Reihenfolge auf die DVD gebrannt und später auch genauso abgespielt. Möchten Sie diese Reihenfolge ändern, ist das ganz einfach zu machen. Klicken Sie die Videodatei, die Sie verschieben wollen, an, halten Sie die Maustaste gedrückt, und ziehen Sie die Datei mit weiterhin gedrückter Maustaste an die gewünschte Stelle.

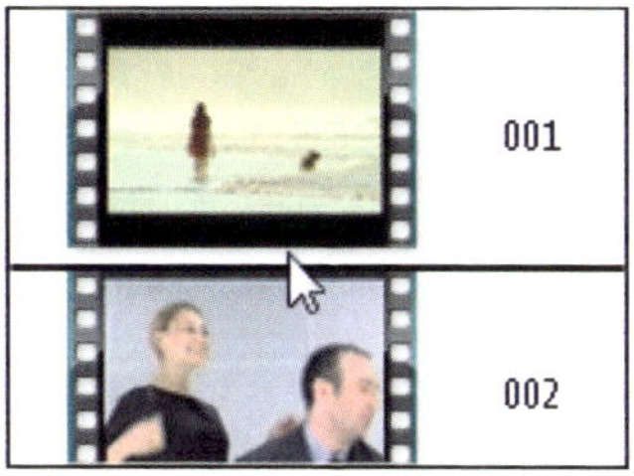

Lassen Sie die Maustaste los, wird das Video an der entsprechenden Position eingefügt.

Auf Wunsch können Sie die Optik noch etwas ändern. Klicken Sie dazu auf einen der Menüstile am rechten Rand des Fensters, etwa ●.

Daraufhin wird das Vorschaubild entsprechend angepasst.

Wenn Sie mit der Anordnung Ihrer Videos zufrieden sind, klicken Sie auf die Schaltfläche

.

5 Im nächsten Fenster wird das erste Video Ihrer Auswahl sichtbar, und zwar genauso, wie es bei der Vorführung angezeigt werden würde: ●.

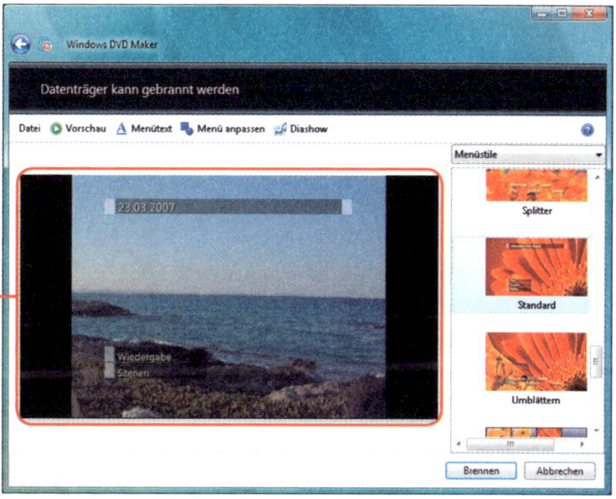

6 Haben Sie sich für einen Menüstil entschieden, klicken Sie auf den Eintrag

.

Nun können Sie Ihrem Video auch noch einen Namen geben, da es sonst nur mit dem Datum versehen würde.

Wenn Sie den Namen in das dafür vorgesehene Textfeld eintippen, erscheint die Änderung sofort im Vorschaufenster.

Klicken Sie dann auf die Schaltfläche

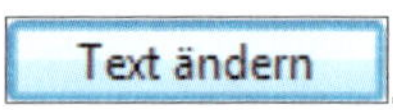

.

7 Um jetzt vor dem Brennen noch mal einen Eindruck von Ihren Videos zu bekommen, klicken Sie auf

.

Daraufhin wird Ihre Zusammenstellung als Vorschau angezeigt.

Das Video lässt sich genauso steuern, als würden Sie es per DVD-Abspielgerät ansehen.

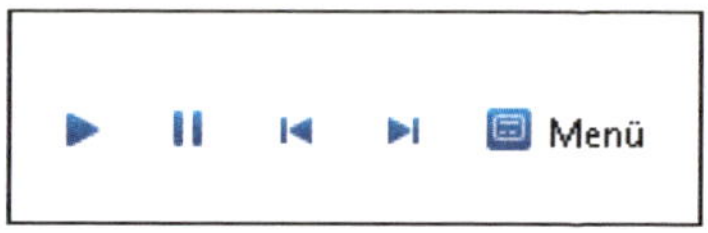

Möchten Sie direkt einzelne Szenen aufrufen, genügt ein Klick auf

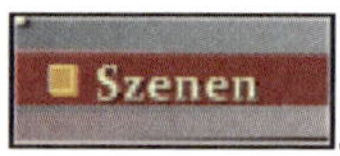

.

Sofort werden die verschiedenen Szenen eingeblendet, und Sie können jede Szene per Klick auf das entsprechende Vorschaubild auswählen.

Mit einem Mausklick auf

beenden Sie die Vorführung.

8 Sie befinden sich dann wieder im Fenster mit der Menüauswahl. Sollte Ihnen der Menüstil doch nicht gefallen haben, können Sie nun noch einen anderen wählen oder Ihrem Video auch noch einen anderen Namen geben, indem Sie einfach die Schritte 5 und 6 dieser Anleitung wiederholen. Bei Bedarf lassen sich Szenen auch noch umstellen oder hinzufügen. Klicken Sie dazu auf ●,

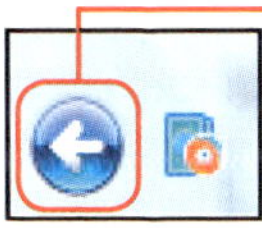

und wiederholen Sie dann die Anleitung ab Schritt 3. Erst wenn Sie ganz zufrieden sind, klicken Sie auf die Schaltfläche

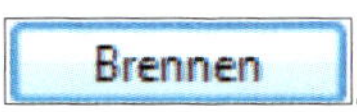

.

9 Anschließend werden Sie dazu aufgefordert, einen Rohling einzulegen.

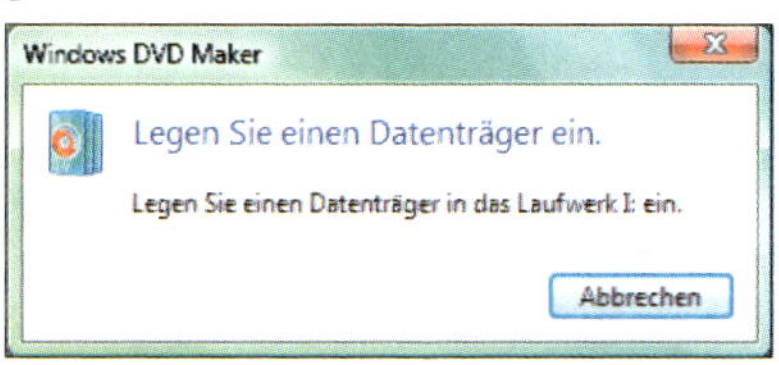

Sobald Sie dies getan und das Brennerlaufwerk geschlossen haben, werden Ihre Videos automatisch auf die DVD gebrannt.

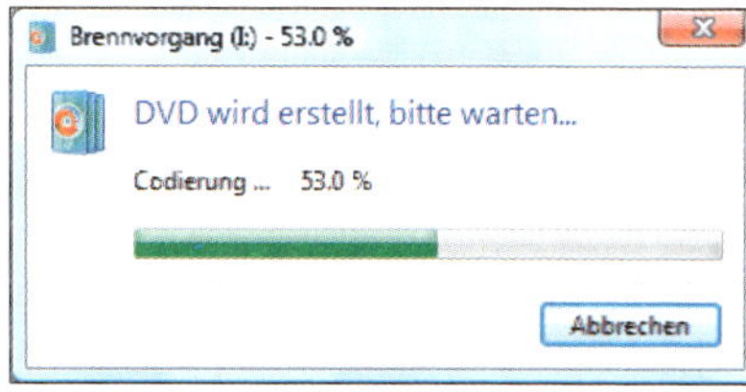

10 Ist die DVD fertig gebrannt, werden Sie darüber informiert. Falls Sie die DVD noch ein zweites Mal brennen möchten, um eine Kopie zu erhalten, klicken Sie auf den Eintrag ●.

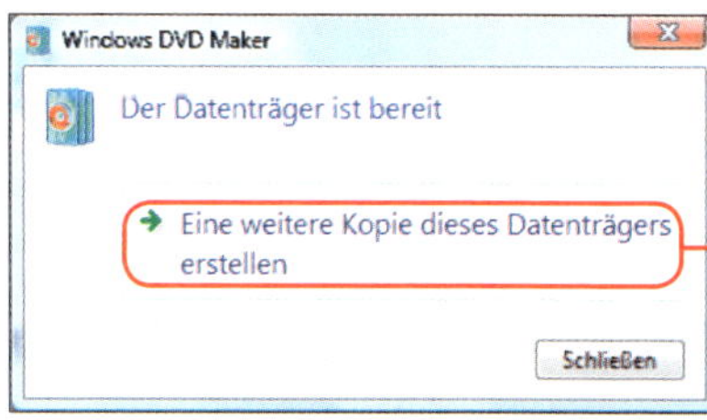

Wenn Sie keine weitere Kopie benötigen, klicken Sie einfach auf die Schaltfläche

.

Sie brauchen dann nur noch das Programmfenster per Klick auf das Schließkreuz zu beenden.

Die fertige DVD lässt sich jetzt in jedem normalen DVD-Abspielgerät verwenden.

5 Datenträger: Festplatten & Co.

Programme und Dateien werden auf Festplatten gespeichert, die im Rechner eingebaut sind. Neben dem Betriebssystem und Programmen gehören dazu auch Ihre persönlichen Daten wie Texte, Bilder, Musikstücke oder Videos. Um hierbei nicht die Übersicht zu verlieren, empfiehlt es sich, die Daten von den Programmen zu trennen und zudem die Festplatte in **Partitionen** zu unterteilen.

Obwohl moderne Festplatten schon ein großes Fassungsvermögen haben, ist auch dieses irgendwann erschöpft. Dann bietet es sich an, eine externe Festplatte anzuschließen. Und für den schnellen Dateitransport ist es ratsam, als Diskettenersatz **USB-Speicherstifte** zu verwenden. Diese kleinen Speicherriesen sind handlich und sehr robust. Darüber hinaus bringt Windows Vista auch für die Pflege von Festplatten die erforderlichen Programme gleich mit.

Im fünften Kapitel dieses Buches erfahren Sie,
- wie Sie eine eingebaute Festplatte unterteilen,
- wie Sie eine Festplatte formatieren,
- wie Sie Festplatten aufräumen
- und wie Sie Speicherstifte verwenden und formatieren.

Kapitel-Wegweiser

Festplatten einrichten

Die Festplatten in Ihrem Rechner erledigen ihre Arbeit meist unauffällig und zuverlässig. Nur wenn Sie eine Sicherung Ihrer Daten vornehmen wollen, müssen diese meist von mehreren Stellen der Festplatte zusammengesucht werden. Besser ist es daher, die Festplatte in getrennte Bereiche für Programme und Daten zu unterteilen. Dann können Sie ganz rasch auf Ihre Daten zugreifen und diese in Sicherheit bringen.

Eine Festplattenpartition verkleinern

Da die meisten Rechner nur mit einer Festplatte ausgestattet sind, werden das Betriebssystem, die anderen Programme und Ihre eigenen Dateien immer auf der gleichen Festplatte gespeichert. Um Ihre Dateien von den Programmen und dem Betriebssystem zu trennen, benötigen Sie also eine eigene Partition. Dazu müssen Sie die komplette Partition als Erstes verkleinern, damit Platz für eine weitere leere Partition geschaffen wird. Und so geht`s:

1 Um zur Datenträgerverwaltung der Systemsteuerung zu gelangen, klicken Sie zuerst auf

,

danach auf den Eintrag

und schließlich in der geöffneten Systemsteuerung auf ●.

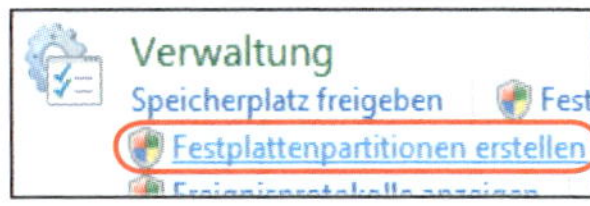

2 Wenn Sie dann die schon bekannte Warnmeldung mit einem Mausklick auf die Schaltfläche ●

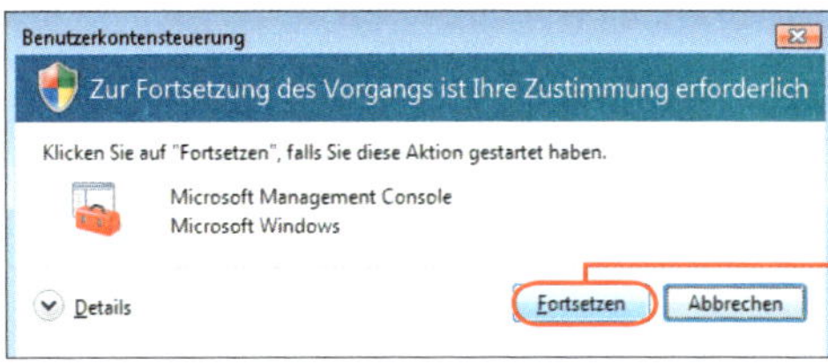

beantworten haben, wird die Datenträgerverwaltung geöffnet und Ihre Festplatte angezeigt, im Beispiel: ●.

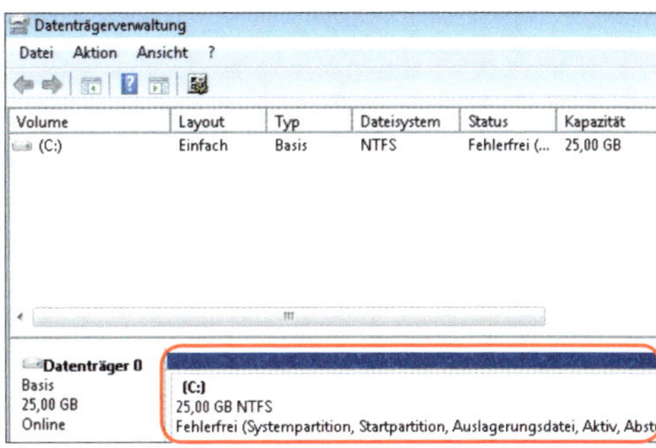

3 Als Nächstes klicken Sie in das Feld für Ihre Festplatte, das daraufhin mit Streifen versehen wird - Kennzeichen dafür, dass es markiert ist: ●.

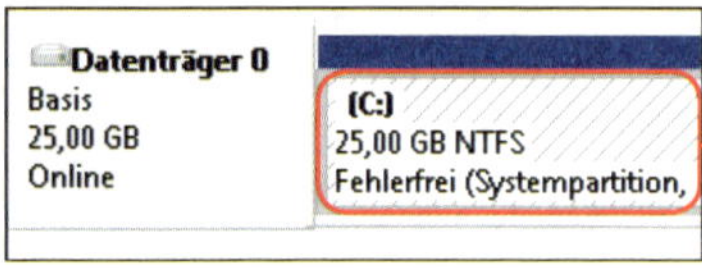

Klicken Sie die markierte Festplatte mit der rechten (!) Maustaste an, und wählen Sie im erscheinenden Kontextmenü den Befehl

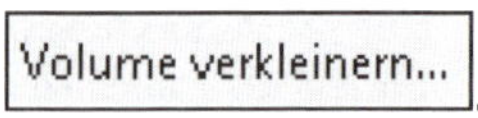

.

Anschließend wird die Festplatte für die Verkleinerung der Partition bereitgestellt.

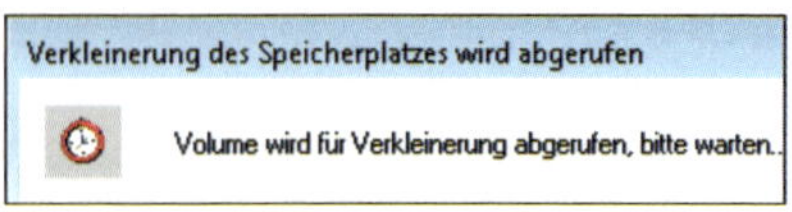

4 Im Fenster, das nun sichtbar wird, können Sie die Größe der Partition festlegen.

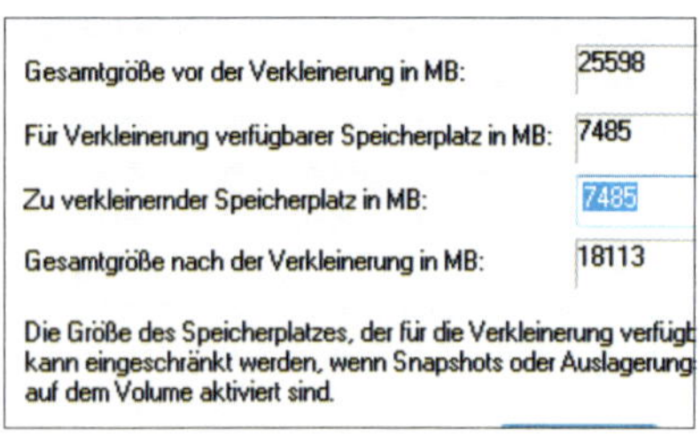

In den meisten Fällen reserviert sich Windows Vista schon automatisch den notwendigen Speicherplatz für die Programme und das Betriebssystem und teilt Ihnen mit, wie viel Speicherplatz Sie maximal für die neue Partition verwenden können, etwa ●.

Falls Sie für Ihre Dateien nicht so viel Platz benötigen und lieber noch mehr Platz für weitere Programme haben möchten, klicken Sie neben dem Eintrag so oft auf das nach unten weisende Dreieck ●,

bis Sie die richtige Größe für die neue Partition eingestellt haben, im Beispiel ●.

5 Sobald Sie dann auf die Schaltfläche

klicken, wird Ihre Festplatte in zwei Partitionen unterteilt, und die neue Partition wird ebenfalls angezeigt: ●.

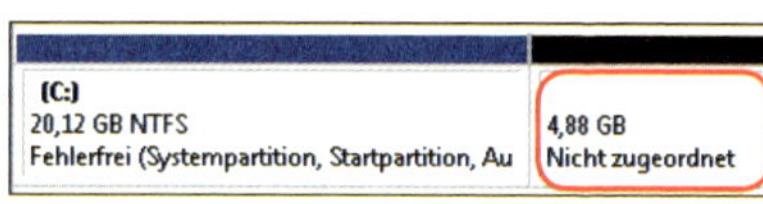

Formatieren für die Aufnahme neuer Daten

Eine neue Partition ist noch nicht bereit für die Aufnahme Ihrer Dateien. Sie erkennen das daran, dass die gerade erzeugte Partition noch keinen Laufwerksbuchstaben besitzt und nicht zugeordnet ist: ●.

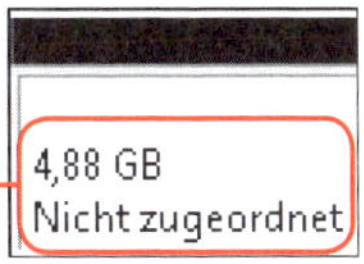

Damit Sie die Partition verwenden können, muss diese zuvor **formatiert** werden. Bei der sogenannten Formatierung werden Grundinformationen auf die Partition geschrieben, mit denen das Betriebsprogramm die Partition verwaltet. Diese Formatierung ist mit ein paar Mausklicks erledigt.

1 Klicken Sie die unformatierte Partition mit der rechten (!) Maustaste an, und wählen Sie im erscheinenden Kontextmenü den Befehl

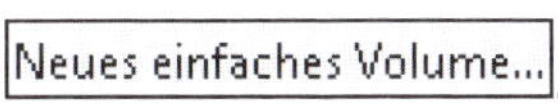

.

Das Begrüßungsfenster des Assistenten beantworten Sie mit einem Mausklick auf

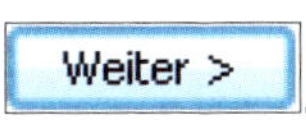

.

2 Daraufhin werden Ihnen noch einmal die Daten Ihrer neuen Partition angezeigt.

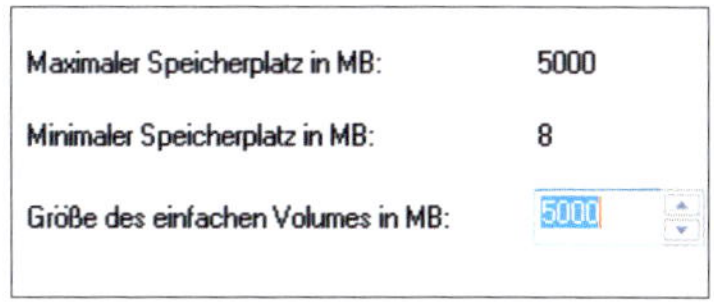

Da Sie die Größe bereits festgelegt haben, klicken Sie einfach wieder auf

.

Anschließend wird Ihrer neuen Partition ein Laufwerksbuchstabe zugeordnet, im Beispiel ●.

Es folgt erneut ein Klick auf

.

3 Im nächsten Fenster können Sie Ihrer neuen Partition noch einen Namen geben. Voreingestellt ist einfach „Volume" ●.

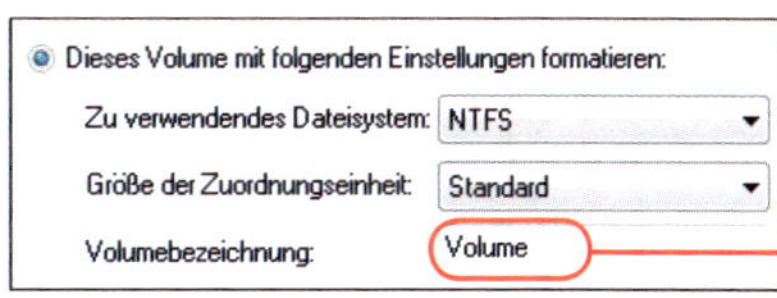

Tippen Sie in das entsprechende Textfeld einen beliebigen Namen ein, beispielsweise ●.

Klicken Sie dann noch den Eintrag für die Schnellformatierung an, sodass vor

dem Eintrag ein Häkchen erscheint: ● .

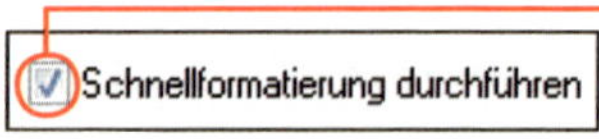

Schnellformatierung für überprüfte Festplatten

Bei der Formatierung einer Partition oder ganzen Festplatte überprüft das Betriebsprogramm die Festplatte auf mögliche Fehler. Daher dauert die Formatierung bei großen Festplatten leicht mehrere Minuten. Wenn Sie jedoch eine Partition auf einer bereits formatierten Festplatte eingerichtet haben, ist diese Überprüfung nicht notwendig. Sie können in diesem Fall die „Schnellformatierung" verwenden, um Zeit zu sparen.

4 Nach einem erneuten Mausklick auf

und im nachfolgenden Fenster auf die Schaltfläche

wird Ihre neue Partition formatiert. Danach wird die Partition mit dem Namen ● und dem Laufwerksbuchstaben ● angezeigt.

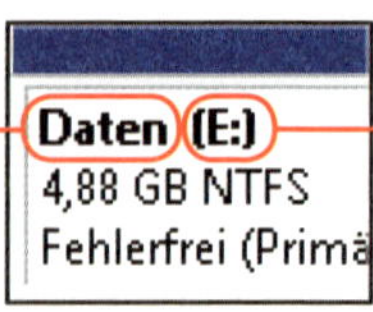

5 Schließen Sie das Formatierungsfenster und das Fenster der Datenträgerverwaltung jeweils per Klick auf ●.

Anschließend ist Ihre neue Partition als eigene Festplatte unter der Bezeichnung „Daten" ●

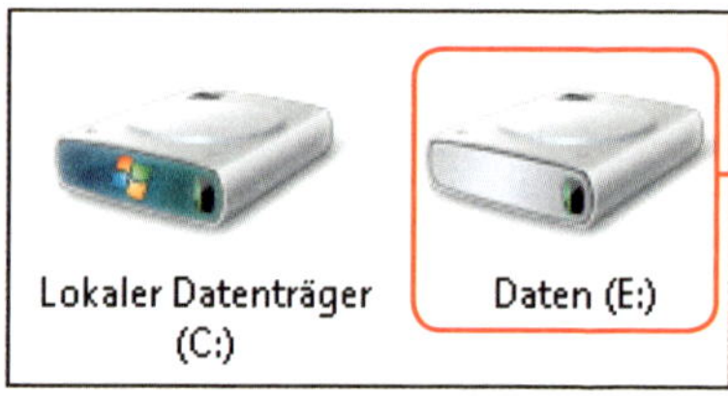

auf dem Arbeitsplatz zu sehen, und Sie können sie zum Speichern Ihrer Dateien verwenden.

Eine Festplattenpartition löschen

Falls Sie irgendwann zum Beispiel eine zweite Festplatte für Ihre Daten einbauen oder sich eine externe Festplatte dafür anschaffen, kann es sein, dass Sie wieder eine große Partition haben möchten. Selbstverständlich können Sie die zweite Partition mit wenigen Mausklicks löschen. Dabei gehen dann allerdings auch alle Daten auf dieser Partition verloren. Sie sollten Ihre Daten zuvor also auf CD oder DVD sichern, wie Sie es in Kapitel 4 im Abschnitt „Dateien auf CD/DVD brennen" gelernt haben.

1 Um wieder die Datenträgerverwaltung zu öffnen, wiederholen Sie die Schritte 1 und 2 auf Seite 53. Danach klicken Sie die Partition, die Sie löschen möchten, mit der rechten (!) Maustaste an und wählen im daraufhin erscheinenden Kontextmenü den Eintrag

.

2 Sobald Sie den nachfolgenden Warnhinweis mit einem Mausklick auf die Schaltfläche

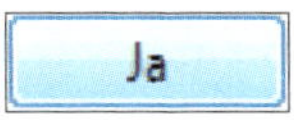

beantwortet haben, wird Ihre Partition gelöscht, und der Bereich erscheint wieder ohne Namen.

3 Damit Sie den Speicherplatz der gelöschten Partition wieder verwenden können, müssen Sie diesen der ersten Partition (im Beispiel C:) zuteilen. Dazu klicken Sie die Partition C: mit der rechten (!) Maustaste an und wählen im aufklappenden Kontextmenü den Eintrag

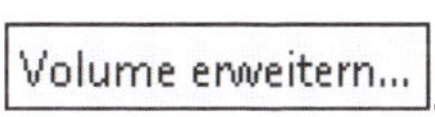

.

Im ersten Fenster des Assistenten, das anschließend geöffnet wird, reicht ein Mausklick auf

.

4 Da der Assistent den Speicherplatz der gelöschten Partition bereits ausgewählt hat, im Beispiel ●,

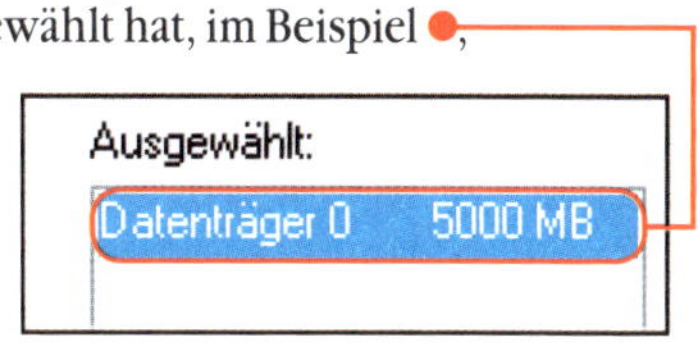

können Sie einfach auf

und im nächsten Fenster auf

klicken.

Daraufhin wird der Speicherplatz der gelöschten Partition der Partition C: hinzugefügt: ●.

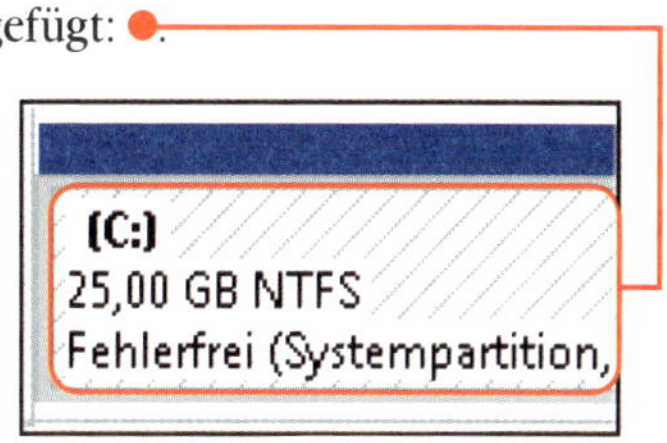

Die Programmfenster schließen Sie wie gewohnt per Klick auf das jeweilige Schließkreuz ●.

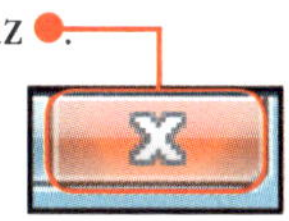

Festplatten des Rechners aufräumen

Immer wenn Sie Dateien löschen, wandern diese in den Papierkorb. Arbeiten Sie mit Programmen, bleiben häufig temporäre Dateien übrig, die nach einiger Zeit nicht mehr benötigt werden. Diese temporären Dateien sollten eigentlich automatisch gelöscht werden, was allerdings nicht ausnahmslos passiert. Um solche Dateien von Ihrer Festplatte zu entfernen, bietet Ihnen Windows Vista das Programm „Datenträgerbereinigung“ an, das Sie von Zeit zu Zeit zum Entrümpeln verwenden sollten.

Ein weiteres Problem besteht darin, dass bei jedem Start eines Programms die Daten nicht wieder sorgfältig an die richtige Position zurückgestellt werden, sondern dahin, wo gerade Platz ist. Dadurch sind die Dateien nach einiger Zeit nicht mehr zusammenhängend auf der Festplatte gespeichert, sodass das Betriebsprogramm diese immer erst zusammensuchen muss. Die Folge: Ihr Rechner wird immer langsamer. Auch für dieses Problem hat Windows Vista ein Programm an Bord: die „Defragmentierung“, mit der die Dateien auf Ihrer Festplatte wieder sortiert werden.

Festplatte bereinigen

Um überflüssige Dateien zu entfernen, verwenden Sie das Aufräumprogramm von Windows Vista. Der „Hausputz“ auf Ihrer Festplatte geht mit der Datenträgerbereinigung ruck, zuck!

1 Starten Sie das benötigte Programm, indem Sie in der geöffneten Programmliste zuerst auf

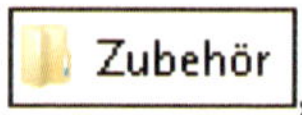

,

danach auf den Eintrag

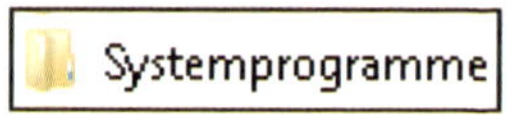

und schließlich auf

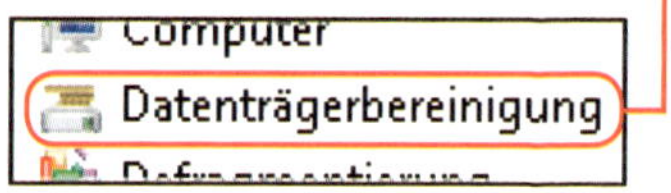

klicken.

2 Anschließend werden Ihnen für die Datenträgerbereinigung zwei Möglichkeiten angeboten: Im ersten Fall werden nur die Dateien des angemeldeten Benutzers entfernt, während im zweiten Fall

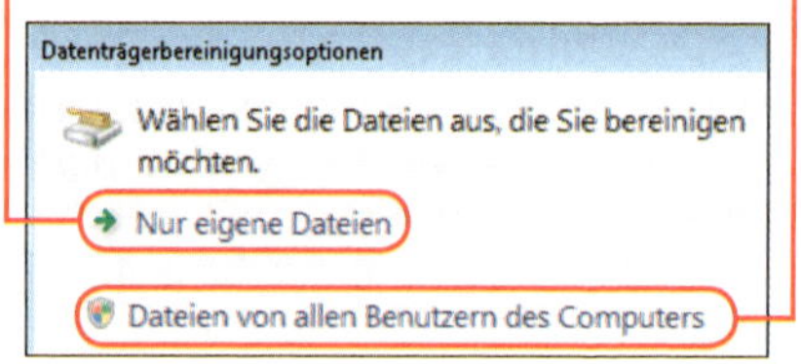

die überflüssigen Dateien von sämtlichen Benutzern entfernt werden. Diese zweite Möglichkeit können Sie aber nur als Administrator wählen. In dem Fall erscheint dann wieder der Warnhinweis, den Sie per Klick auf

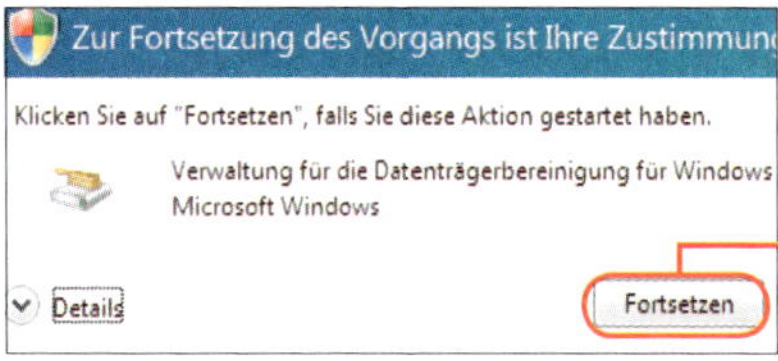

beantworten.

3 Daraufhin überprüft das Datenträgerbereinigungsprogramm Ihre Festplatten.

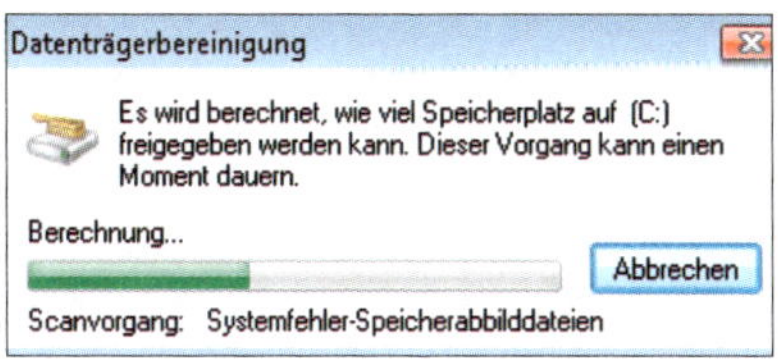

Ist der Vorgang beendet, werden die Dateien aufgelistet, die entfernt werden können, im Beispiel. Zudem können Sie sehen, wie viel Speicherplatz freigemacht werden würde, im Beispiel.

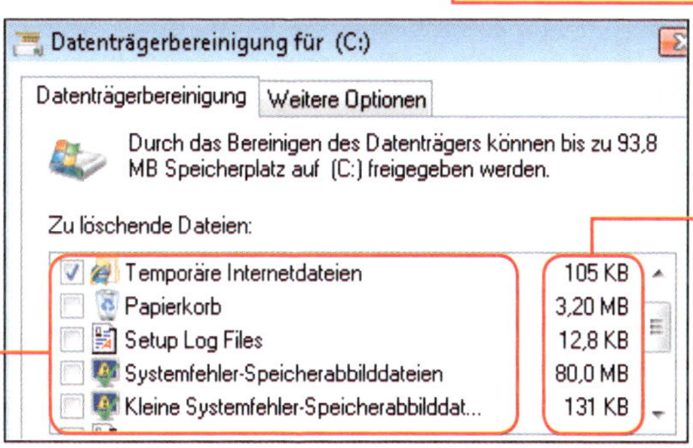

4 Im Einzelnen sind die Angaben wie folgt zu verstehen: Dateien, die gefahrlos gelöscht werden können, sind bereits mit einem Häkchen markiert, etwa.

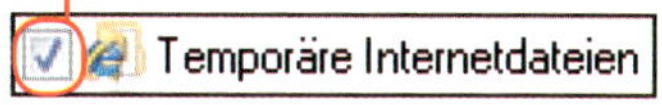

Temporäre Internetdateien sollten Sie auf jeden Fall löschen. Diese dienen zwar dazu, eine Internetseite schneller aufrufen zu können. Sollte sich die Internetseite aber zwischendurch geändert haben, bekämen Sie eine veraltetet Seite zu sehen. Zudem besteht die Möglichkeit, dass diese Daten von anderen gelesen werden, die Zugriff auf Ihren Rechner haben. In diesem Fall wäre also auch Ihre Privatsphäre gefährdet.

5 Die Dateien im Papierkorb sind nicht von vornherein mit einem Häkchen versehen, also markiert:.

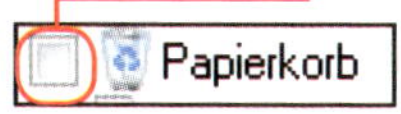

Erst wenn Sie den Eintrag anklicken, erscheint das Häkchen davor:.

Seien Sie aber vorsichtig, und setzen Sie dieses Häkchen wirklich erst dann, wenn Sie absolut sicher sind, dass Sie die Dateien im Papierkorb nicht mehr brauchen. Denn danach können sie nicht mehr wiederhergestellt werden.

6 Demgegenüber sollten Sie die Häkchen bei

und

auf jeden Fall setzen. Diese Dateien nehmen unnötig viel Speicherplatz in Anspruch und werden bei Bedarf vom Betriebsprogramm sowieso automatisch wieder erstellt.

Wenn Sie Ihre Wahl getroffen haben, klicken Sie auf die Schaltfläche

.

7 Nun wird erst wieder ein Warnhinweis eingeblendet, den Sie mit einem Mausklick auf

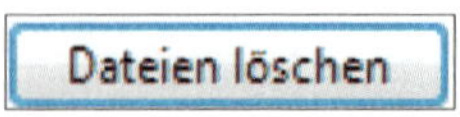

zur Kenntnis nehmen. Danach werden die überflüssigen Dateien gelöscht,

und das Programm wird automatisch beendet. Falls Sie bei der Reinigungsaktion auch den Papierkorb geleert haben (siehe Schritt 5), sehen Sie, dass darin jetzt wieder Platz ist:

Defragmentierung zur Beschleunigung von Programmen

Die Defragmentierung dient nicht so sehr der Säuberung, als vielmehr der Beschleunigung Ihres Rechners. Bei der Defragmentierung werden nämlich Programme und Dateien wieder zusammenhängend gespeichert, sodass das Betriebsprogramm künftig schneller darauf zugreifen kann. Eine Defragmentierung sollten Sie immer dann vornehmen, wenn Sie den Eindruck haben, dass Ihr Rechner langsamer arbeitet. Auch dies geht ganz einfach.

> **! Großer Zeitaufwand bei der Defragmentierung**
>
> Ist Ihre Festplatte sehr groß und haben Sie mehrere Wochen keine Defragmentierung durchgeführt, kann die Defragmentierung durchaus mehrere Stunden in Anspruch nehmen. Wenn Sie Ihre Festplatte jedoch regelmäßig mindestens einmal im Monat aufräumen, dauert der Vorgang meist nur noch zehn Minuten bis zu einer halben Stunde. Sie müssen bei der Defragmentierung jedoch sowieso nicht anwesend sein, da die Arbeit, sobald Sie die Weichen gestellt haben, ohne Eingriffe Ihrerseits automatisch abläuft.

1 Wie im vorigen Abschnitt in Schritt 1 gezeigt, öffnen Sie den Ordner mit den Systemprogrammen, wählen dann jedoch per Mausklick den Eintrag

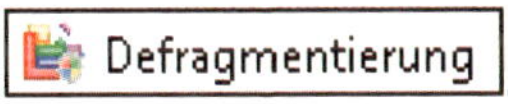

.

2 Auch dabei wird als Erstes ein Warnhinweis ausgegeben, den Sie per Klick auf

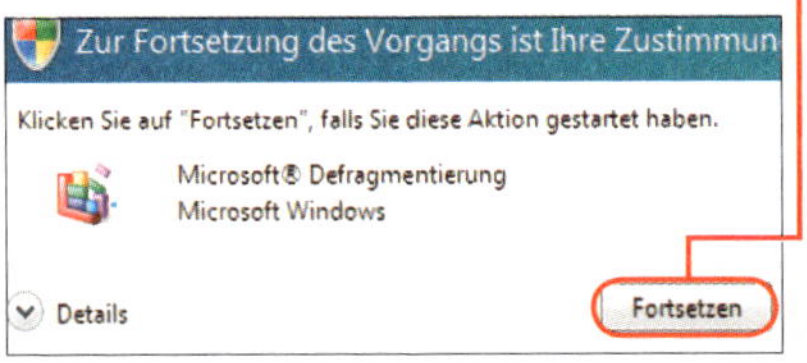

bestätigen müssen. Im ersten Programmfenster, das nun angezeigt wird, klicken Sie auf die Schaltfläche

.

3 Daraufhin wird Ihre Festplatte aufgeräumt. Haben Sie mehrere Festplatten eingebaut, werden alle Festplatten automatisch nacheinander defragmentiert, sodass Sie sich nicht im Einzelnen darum zu kümmern brauchen.

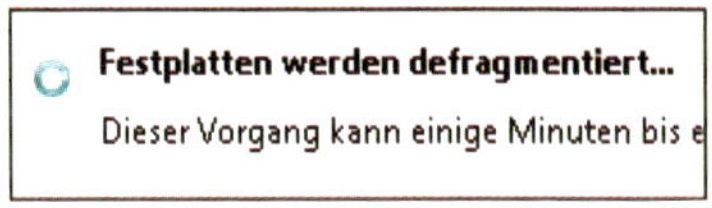

Ist die Defragmentierung abgeschlossen, erkennen Sie das daran, dass wieder der ursprüngliche Eintrag zu sehen ist.

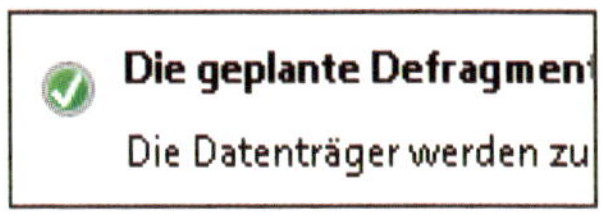

Zum Beenden des Programms genügt ein Mausklick auf

.

Externe Festplatten als Erweiterung des Speicherplatzes

Manchmal wird auch die größte Festplatte zu klein. Musik- und Videodateien benötigen immer mehr Speicherplatz, sodass selbst Festplatten von 100 Gigabyte allzu schnell voll werden. Möchten Sie keine weitere Festplatte in Ihren Rechner einbauen oder haben Sie einen Laptop, bei dem dies sowieso nicht möglich ist, können Sie eine externe Festplatte verwenden. Solche Festplatten sind mittlerweile sehr handlich und können meist einfach per USB-Kabel mit dem Rechner verbunden werden. Behandelt werden sie von Windows Vista wie normale Festplatten.

Externe Festplatte anschließen und wieder entfernen

Externe Festplatten müssen Sie nicht extra installieren. Windows Vista bringt alle dafür notwendigen Programme mit.

1 Verbinden Sie die Festplatte per USB-Kabel mit dem Rechner. Windows Vista erkennt die Festplatte sofort und installiert automatisch die erforderlichen Programme (Geräte**treiber**).

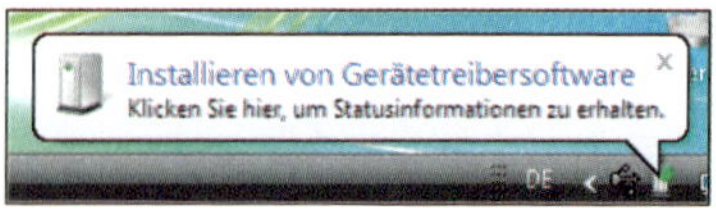

Sind die Programme installiert, wird Ihre externe Festplatte angezeigt. In diesem Beispiel hat die externe Festplatte den Laufwerksbuchstaben (J:): ●.

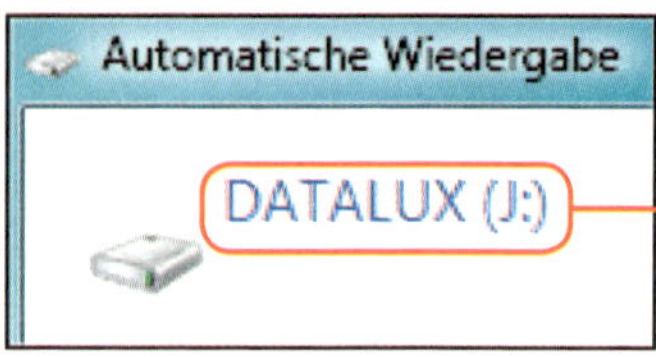

Jetzt können Sie die Festplatte wie eine normale (eingebaute) verwenden.

2 Wenn Sie die externe Festplatte wieder vom Rechner entfernen wollen, müssen Sie sie erst abmelden. Klicken Sie dazu neben der Zeitanzeige auf das Symbol, das für das Entfernen von Geräten (Hardware) steht. Sollte das Symbol nicht sichtbar sein, klicken Sie erst auf den Pfeil nach links ●.

Daraufhin taucht auch das Symbol für die Geräteentfernung auf: ●.

Auf einigen Bildschirmen ist das Symbol nicht sehr gut zu erkennen. Fahren Sie in dem Fall einfach langsam mit dem Mauszeiger über die Symbolleiste. Befinden Sie sich über dem gewünschten Symbol, erscheint eine Erklärung: ●.

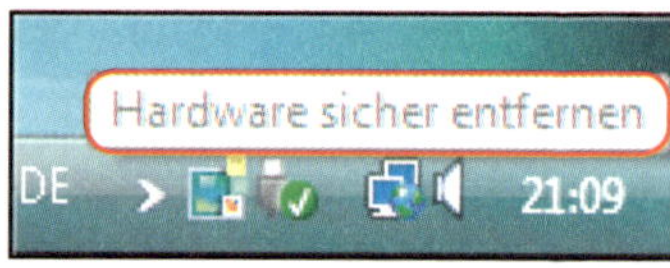

Dann genügt ein Mausklick, und das Fenster zum Entfernen der Festplatte erscheint.

3 Nun müssen Sie genau wissen, welchen Laufwerksbuchstaben Ihre externe Festplatte hat, da Windows Vista alle Geräte, die per USB angeschlossen sind, nur als „USB-Massenspeichergerät" bezeichnet.

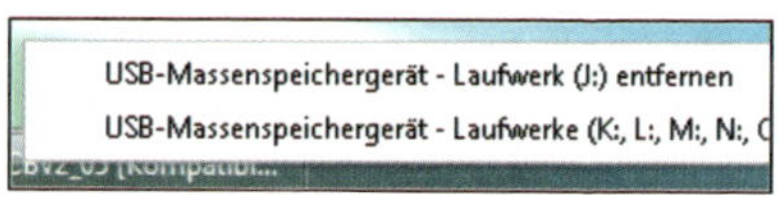

Um den Laufwerksbuchstaben gegebenenfalls herauszufinden, klicken Sie im geöffneten Startmenü auf

.

Dann sehen Sie Ihre externe Festplatte mit Namen und Laufwerksbuchstaben, im Beispiel ●.

4 Ein Mausklick auf den Eintrag für Ihre externe Festplatte, im Beispiel also ●,

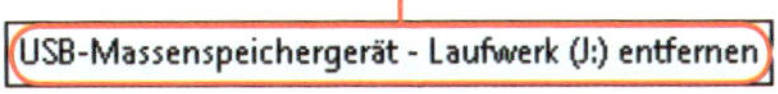

genügt, um diese abzumelden. Sobald Sie dann die Bestätigung, dass Sie das Gerät entfernen können, per Klick auf ●

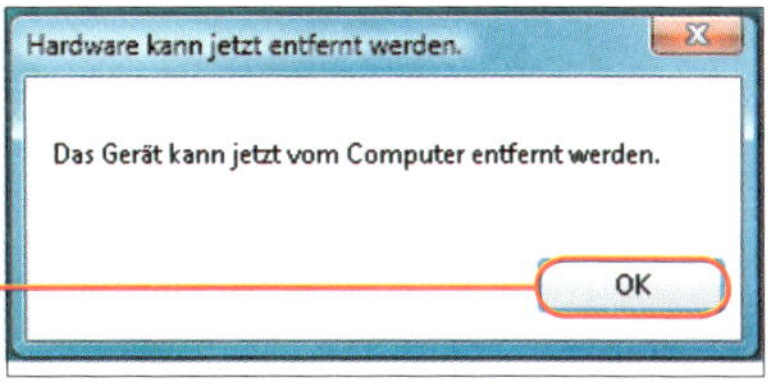

zur Kenntnis genommen haben, können Sie das Kabel der Festplatte abziehen.

> **! Vorsicht beim Entfernen von USB-Geräten**
>
> Ziehen Sie nie das Kabel einer externen Festplatte ab, ohne das Gerät zuvor wie soeben gezeigt abzumelden! Wenn dann nämlich noch auf das Gerät geschrieben wird, verlieren Sie im besten Fall nur die aktuellen Dateien. Und im schlimmsten Fall kann sogar die Dateianordnung Ihrer Festplatte beschädigt werden. Das gilt im Übrigen auch für Speicherstifte und MP3-Player.

Speicherstifte: Der Speicher zum Mitnehmen

Kleiner als Festplatten, aber genauso praktisch sind USB-Speicherstifte.

Zwar ist auf solchen Stiften bei Weitem nicht so viel Speicherplatz wie auf einer externen Festplatte, aber für den einfachen Datentransport reichen die Stifte meist aus. Selbst in einfachen Ausführungen bieten sie schon 1 Gigabyte Speicherplatz. Und da immer mehr Rechner, vor allem Laptops, ohne Diskettenlaufwerk in den Handel kommen, werden die Speicherstifte zum praktischen Ersatz für Diskettenlaufwerke. Sie verwenden sie im Prinzip genauso wie Disketten.

Speicherstifte benennen

Anschließen lassen sich Speicherstifte genauso einfach wie externe Festplatten. Windows Vista erkennt die Stifte ebenfalls und installiert sofort die benötigten Programme. Da es bei modernen Computern jedoch sehr viele USB-Anschlüsse gibt, müssen Sie Ihren Stift in der Anzeige erst suchen. Um diese Suche zu vereinfachen, geben Sie Ihrem Stift einfach einen Namen.

1 Damit auch Ihr Speicherstift im Arbeitsplatzfenster angezeigt wird, klicken Sie im geöffneten Startmenü wieder auf

Computer.

Wie Sie sehen, werden alle USB-Geräte einfach „Wechseldatenträger“ genannt: ●.

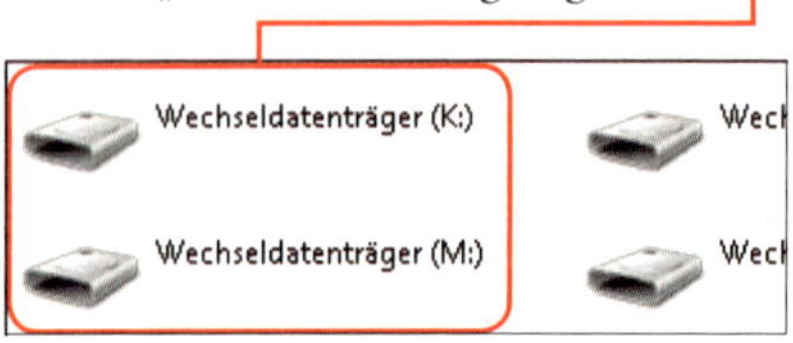

Um nun herauszufinden, welcher davon Ihr Stift ist, müssten Sie praktisch jeden Wechseldatenträger per Doppelklick öffnen. Sollte er es nicht sein, sondern nur ein Steckplatz für eine Speicherkarte, erhalten Sie eine Fehlermeldung: ●.

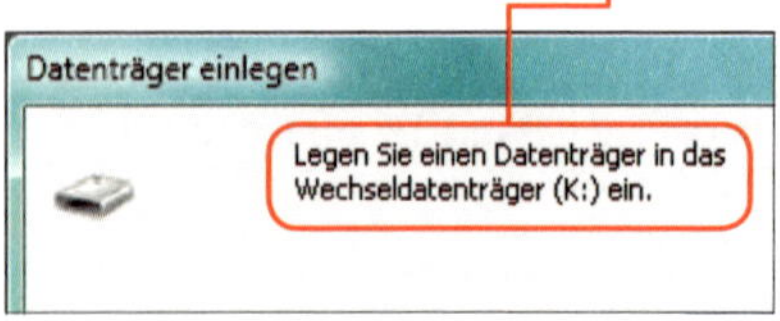

Es geht aber einfacher: Stecken Sie den Speicherstift erst dann ein, wenn Sie den Arbeitsplatz schon geöffnet haben. Sie sehen dann sofort, welcher Wechseldatenträger hinzugekommen ist, etwa ●.

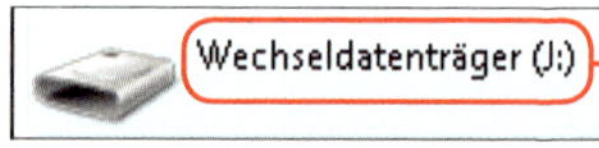

2 Noch praktischer ist aber, wenn Sie dem Gerät einen Namen geben. Klicken Sie dazu den Eintrag mit der rechten (!) Maustaste an, und wählen Sie mit einem Mausklick

Eigenschaften.

Daraufhin wird das Eigenschaftenfenster für den Stift geöffnet.

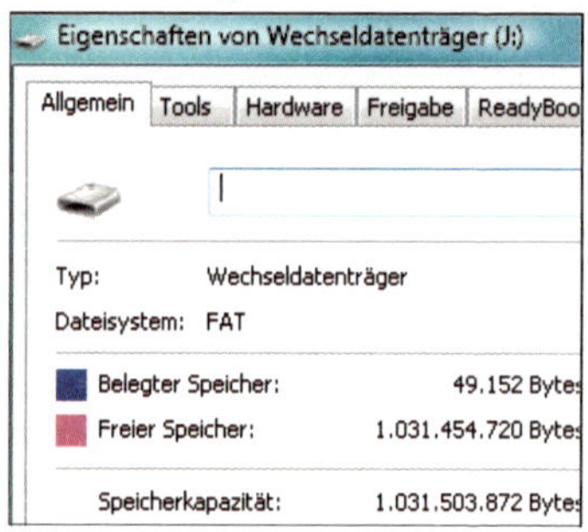

3 Jetzt können Sie in das Textfeld einen beliebigen Namen (mit maximal elf Zeichen) eintippen, im Beispiel ●.

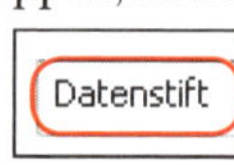

Bestätigen Sie die Eingabe per Klick auf

OK,

finden Sie Ihren Stift leichter wieder.

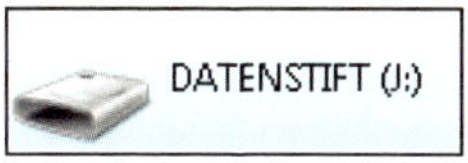

Einen Speicherstift formatieren

Mitunter muss ein Speicherstift neu formatiert werden. Denn trotz seiner Robustheit kann die Dateiordnung einmal durcheinander geraten. Dies geschieht auch dadurch, dass Ihr Stift nicht korrekt vom Rechner abgemeldet wurde, wie Sie es im Abschnitt „Externe Festplatte anschließen und wieder entfernen“ gelernt haben. Ist das trotzdem geschehen, können Sie den Stift neu **formatieren**.

1 Klicken Sie den Eintrag des Speicherstifts im Fenster des Arbeitsplatzes mit der rechten (!) Maustaste an, und wählen Sie dann

.

Jetzt müssen Sie überprüfen, ob der Eintrag ●

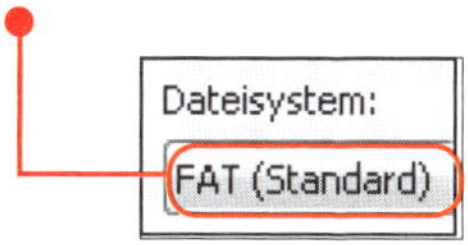

ausgewählt ist. **FAT** umschreibt das Verfahren, mit dem Dateien auf den kleinen Stiften verwaltet werden. Die moderne Speicherverwaltung von Windows Vista (**NTFS**) ist bei Speicherstiften nicht von Vorteil. Sollte „FAT“ nicht eingestellt sein, klicken Sie daher auf das Dreieck ●

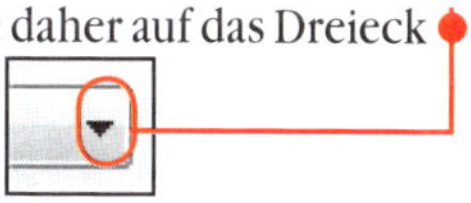

und anschließend auf ●.

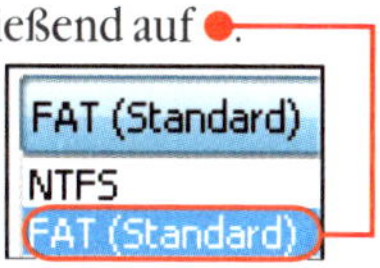

2 Geben Sie dem Stift danach noch einen Namen, da der alte Name bei der Formatierung verloren geht.

Um die Formatierung zu starten, reicht jeweils ein Mausklick auf

und im nachfolgenden Warnhinweis auf die Schaltfläche

.

3 Daraufhin wird Ihr Stift mit der gewählten Einstellung formatiert.

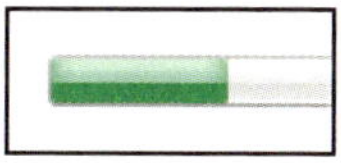

Ist die Formatierung abgeschlossen, brauchen Sie die entsprechende Meldung nur noch per Klick auf

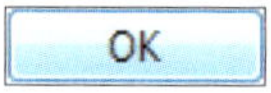

zu bestätigen. Jetzt können Sie den Stift wie gewohnt weiter verwenden.

6 Das Netzwerk für mehrere Rechner

Mittlerweile gibt es in vielen Haushalten schon mehr als nur einen Computer - sei es einen zusätzlichen Laptop für unterwegs oder einen eigenen Rechner für den Nachwuchs. In einem solchen Fall ist es praktisch, wenn die PCs über ein kleines Netzwerk miteinander verbunden sind. Denn dann lassen sich Dateien komfortabel austauschen oder Texte gemeinsam bearbeiten und sogar über einen einzigen, jedem zugänglichen Drucker ausdrucken. Und Spiele machen natürlich auch mehr Spaß, wenn der Mitspieler nicht nur ein Computer ist, sondern ein Freund in einem Netzwerk. Besonders praktisch ist ein drahtloses Funknetzwerk für Ihren Laptop. Damit sind Sie nicht nur unterwegs mobil, sondern auch zu Hause, sodass Sie beispielsweise vom Garten aus problemlos ins **Internet** oder auf die anderen Rechner in Ihrem Netzwerk zugreifen können. Mit Windows Vista erfolgt ein Großteil der Einrichtung zumeist schon automatisch bei der Installation. Und den Rest erledigen Sie ganz einfach selbst.

Im sechsten Kapitel dieses Buches erfahren Sie,

- wie Sie Ordner und Drucker für alle Benutzer des Netzwerkes freigeben,
- wie Sie Ihre Rechner zu einer Arbeitsgruppe im Netzwerk hinzufügen,
- wie Sie auch einen Windows XP-Rechner in Ihre Netzwerkarbeitsgruppe aufnehmen,
- wie Sie mit Windows Vista ein Netzwerk reparieren
- und wie Sie ein Funknetzwerk einrichten.

Kapitel-Wegweiser

Datei- und Druckerfreigabe im Netzwerk

Unmittelbar nach der Installation können Sie mithilfe des Netzwerks schon ins Internet gelangen. Um jedoch auf Drucker und Dateien in Ihrem eigenen Netzwerk zugreifen zu können, müssen diese im Netzwerk noch freigegeben werden.

1 Da Sie für die Freigaben das „Netzwerk- und Freigabecenter" benötigen, klicken Sie im Begrüßungscenter zunächst auf den Eintrag

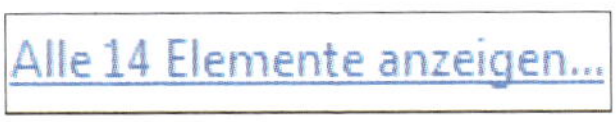

und anschließend doppelt auf

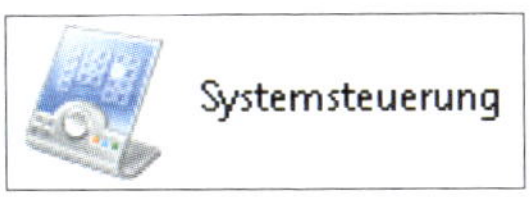

sowie, ebenfalls doppelt, auf ●.

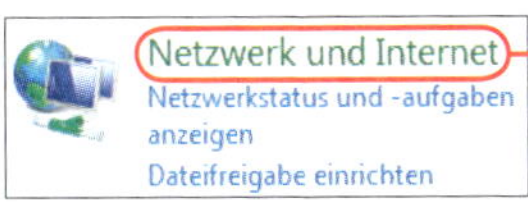

2 Im geöffneten Freigabecenter werden alle Freigaben für Ihren Rechner angezeigt. In der Beispielabbildung sind die Dateien ● und Drucker ●

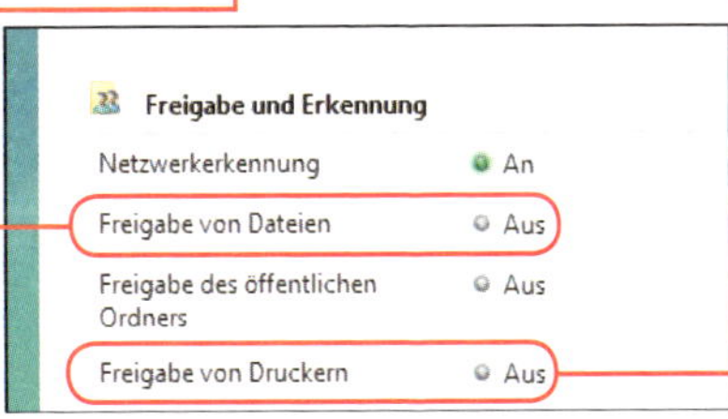

Alternativer Zugriff aufs Freigabecenter

Falls das Begrüßungscenter nicht angezeigt wird, klicken Sie auf

und danach auf

Dann können Sie das Freigabecenter ebenfalls per Doppelklick öffnen.

Zudem besteht noch die Möglichkeit, das Freigabecenter per Tastatur zu öffnen. Dazu drücken Sie die [⊞]-Taste und tippen in das Textfeld „Netzwerk" ein. Schon während der Eingabe

zeigt Windows Vista das Ergebnis an. Mit der Pfeiltaste [↓] wählen Sie das Freigabecenter ●

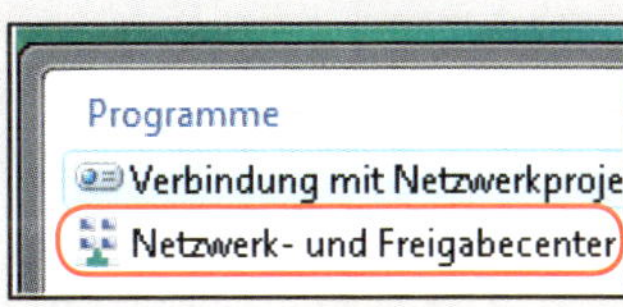

aus, und mit der [↵]-Taste öffnen Sie es.

für die Benutzer anderer Rechner noch nicht freigegeben („Aus“). Um dies zu ändern, klicken Sie neben dem entsprechenden Eintrag auf das Dreieck.

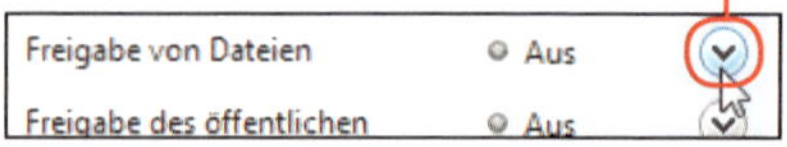

3 Für die Freigabe der Dateien klicken Sie dann auf den ersten Eintrag,

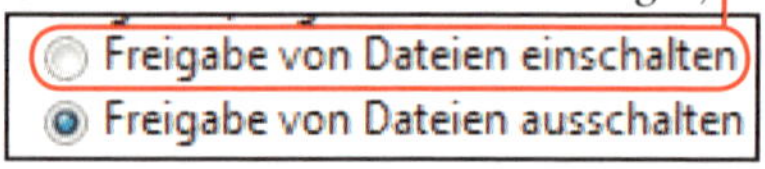

sodass im Kreis davor ein Punkt erscheint,

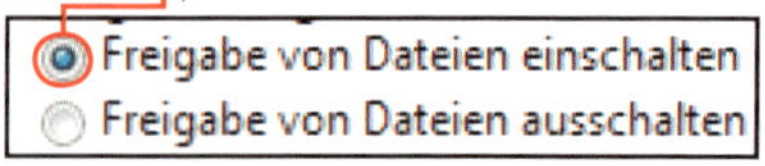

und anschließend auf die Schaltfläche

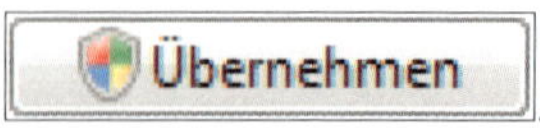

.

4 Auf die gleiche Weise geben Sie danach auch noch den öffentlichen Ordner sowie einen angeschlossenen Drucker frei:.

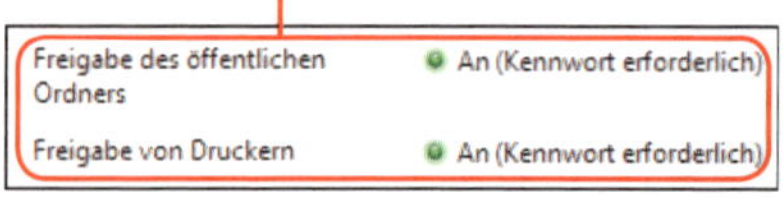

5 Sollte es Sie stören, wenn Sie bei jedem Zugriff ein Kennwort eingeben müssen, können Sie diese Option auch ausschalten. Dazu klicken Sie neben dem entsprechenden Eintrag auf das Dreieck,

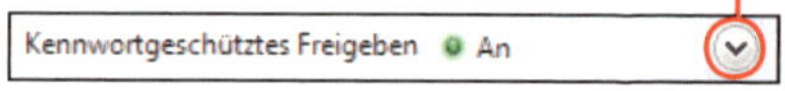

setzen dann mit einem Mausklick einen Punkt in den Kreis vor dem zweiten Eintrag und übernehmen die Einstellung per Klick auf.

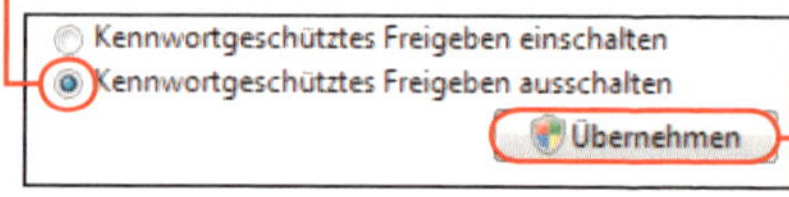

Daraufhin sehen Sie, dass alle Freigaben Ihren Wünschen entsprechend eingerichtet sind.

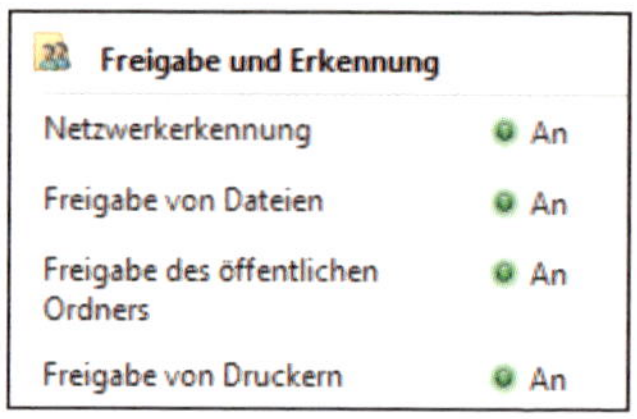

6 Wenn Sie künftig im linken Teil des geöffneten Netzwerkfensters auf den Eintrag

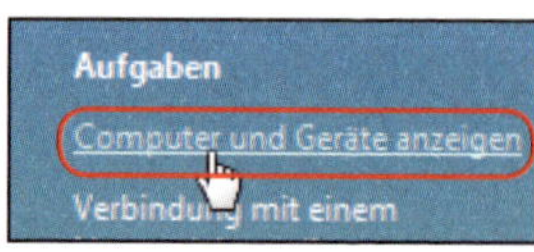

klicken, werden alle angeschlossenen und eingerichteten Rechner im Netzwerk angezeigt.

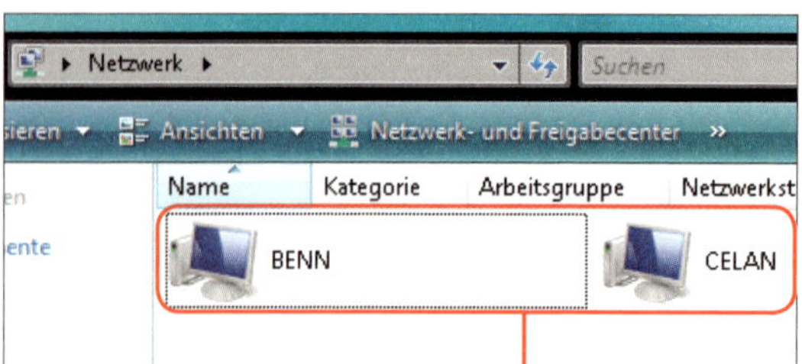

7 Falls dabei einer der Rechner im Netz fehlen sollte, müssen Sie diesen PC auf die gleiche Weise einrichten. In den meisten Fällen ist nur eine Einstellung notwendig. Und zwar ist im Freigabefenster (siehe Schritt 2) der Eintrag „Netzwerkerkennung" meist abgeschaltet: ●.

Sobald Sie dies, wie oben gezeigt, ändern, wird auch der noch fehlende Rechner angezeigt.

Arbeitsgruppe einrichten

Wird trotz der Freigaben ein Rechner im Netzwerk nicht angezeigt, liegt das meist an der sogenannten Arbeitsgruppe, in der sich jeder Rechner befinden muss, damit er erkannt wird und Sie darauf zugreifen können. Die einzelnen Rechner benötigen jeweils einen eigenen Namen, damit man sie innerhalb der Arbeitsgruppe unterscheiden kann - der Name der Arbeitsgruppe hingegen muss für alle Rechner gleich sein. Windows Vista verwendet bei der automatischen Einrichtung des Netzwerks für die Arbeitsgruppe den englischen Begriff „Workgroup". Sollte nun einer der Rechner einen anderen Arbeitsgruppennamen haben, müssen Sie diesen manuell anpassen. Und so geht`s:

1 Als Erstes öffnen Sie die **Systemsteuerung** wie gewohnt mit je einem Mausklick auf

und im aufklappenden Startmenü auf

.

2 Im Fenster, das daraufhin erscheint, klicken Sie auf den Eintrag ●

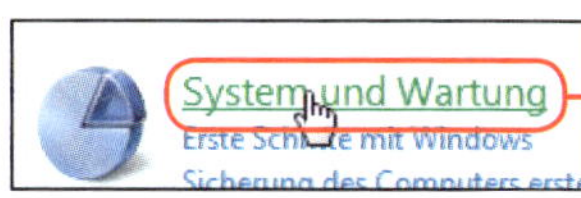

und im nachfolgenden Fenster auf ●.

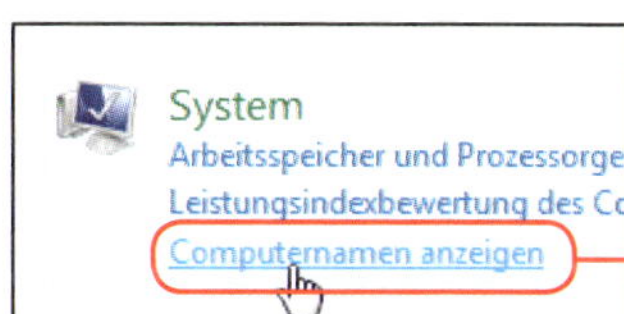

3 Anschließend sehen Sie den Namen des jeweiligen Rechners, im Beispiel

, und den Namen der Arbeitsgruppe, im Beispiel .

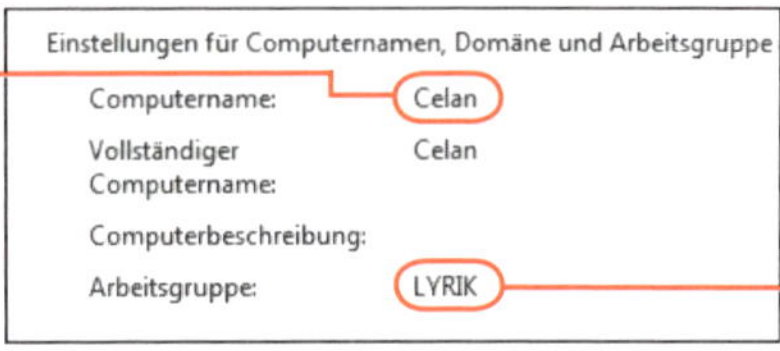

Hat einer der Rechner einen anderen Arbeitsgruppennamen, klicken Sie auf den Eintrag

.

4 Wenn Sie danach auf die Schaltfläche

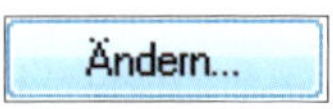

klicken, können Sie den korrekten Namen für Ihre Arbeitsgruppe in das entsprechende Textfeld

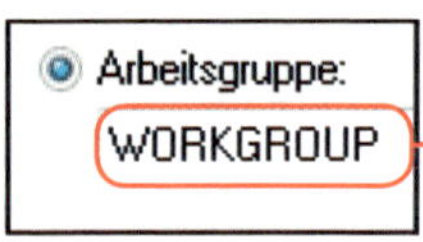

eintippen. Zur Bestätigung der Eingabe genügt ein Klick auf

.

5 Der Rechner wird anschließend zur ausgewählten Arbeitsgruppe hinzugefügt. Nachdem Sie die entsprechende Meldung mit einem Mausklick auf

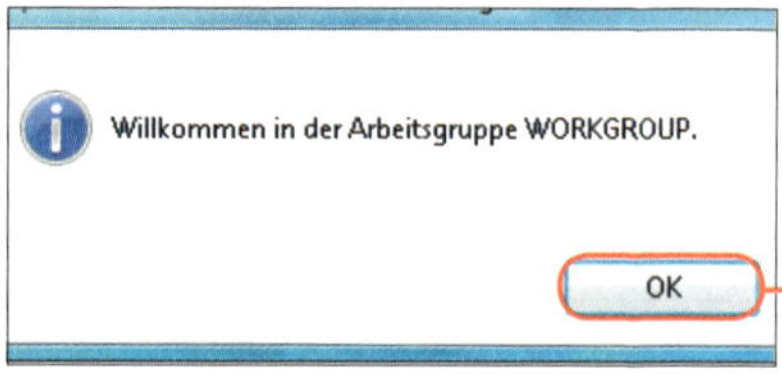

beantwortet haben, muss der Rechner neu gestartet werden. Auch bei diesem Hinweisfenster reicht ein Klick auf .

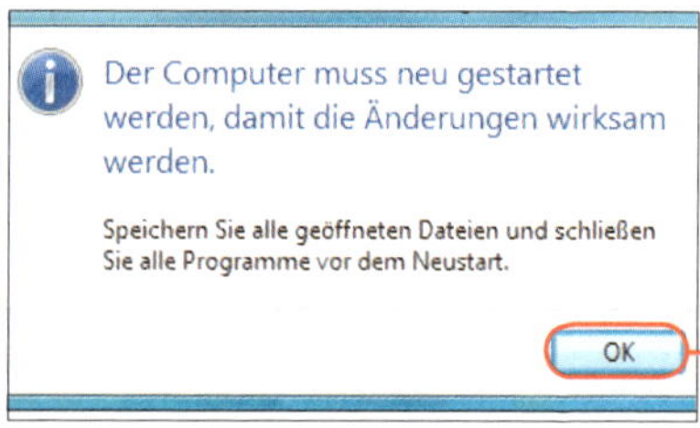

.

6 Nun brauchen Sie nur noch das offene Einstellungsfenster per Klick auf

zu schließen und im nachfolgenden Fenster auf

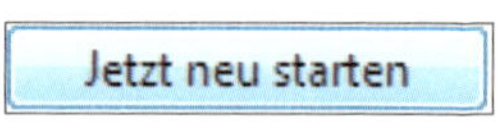

zu klicken. Daraufhin wird der Rechner neu gestartet und ist dann auch der korrekten Arbeitsgruppe zugeordnet.

Arbeitsgruppennamen schneller ändern

Auch bei der Änderung des Namens der Arbeitsgruppe können Sie eine „Abkürzung“ nehmen, die schneller zum Ziel führt.

1 Dazu klicken Sie im Startmenü mit der rechten (!) Maustaste auf

und wählen im dann geöffneten Kontextmenü den Eintrag

.

2 Im Fenster, das daraufhin angezeigt wird, klicken Sie auf den Eintrag

.

Wenn Sie den nachfolgenden Warnhinweis per Klick auf

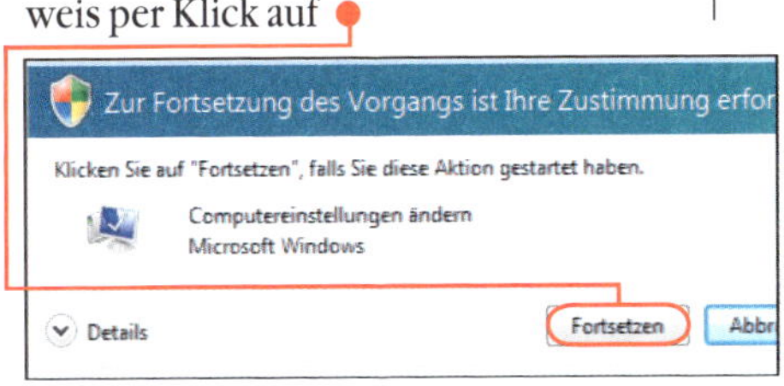

zur Kenntnis genommen und anschließend auf die Schaltfläche

geklickt haben, können Sie den Namen der Arbeitsgruppe ändern, wie es im vorigen Abschnitt in den Schritten 4 bis 6 gezeigt wurde.

Arbeitsgruppennamen bei Windows-XP-Rechnern ändern

Sollten Sie in Ihrem Netzwerk noch einen Rechner mit Windows XP haben, müssen Sie den Arbeitsgruppennamen auf jeden Fall ändern. Denn bei Windows XP bekommt die Arbeitsgruppe automatisch noch den Namen „MSHEIMNETZ“ zugewiesen. Daher ist der Zugriff auf die Ordner und Dateien dieses Rechners kaum möglich. Und so ändern Sie den Namen bei einem Rechner mit Windows XP:

1 Um die Änderung vorzunehmen, klicken Sie zuerst auf die Schaltfläche

,

danach auf

,

in der geöffneten Systemsteuerung auf

und schließlich auf den Eintrag

.

2 Im Fenster, das daraufhin angezeigt wird, holen Sie mit einem Mausklick auf den Registerreiter ●

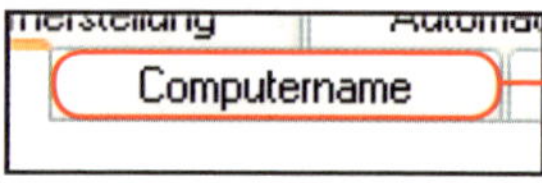

das Einstellungsfenster in den Vordergrund. Klicken Sie darin einfach auf die Schaltfläche

.

3 Nun können Sie den Namen der Arbeitsgruppe anpassen. Dazu tippen Sie in das markierte Textfeld

einfach den korrekten Namen Ihrer Arbeitsgruppe ein: ●.

Bestätigen Sie die Änderung per Klick auf die Schaltfläche

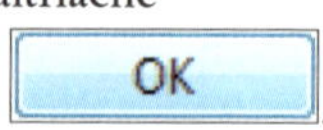

.

4 Anschließend erfahren Sie, dass Ihre Änderung erfolgreich war. Klicken Sie einfach wieder auf ●.

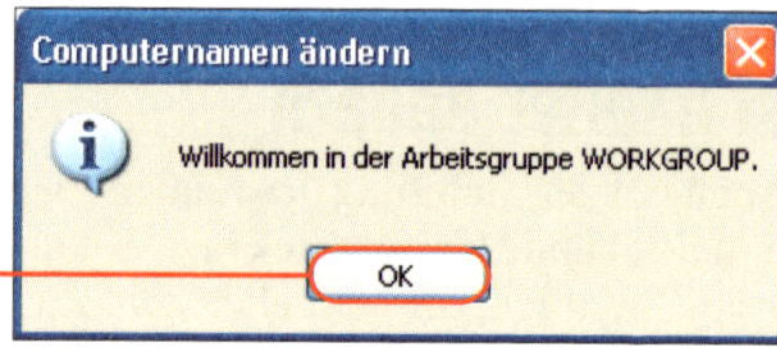

Wenn Sie im nächsten Hinweisfenster ein weiteres Mal auf

und danach noch auf

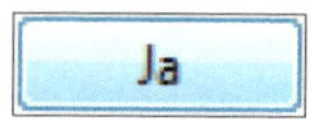

klicken, wird Ihr Rechner neu gestartet. Danach ist auch der XP-Rechner in der Arbeitsgruppe von Windows Vista zu finden.

Fehler beheben mit Windows Vista

In den meisten Fällen funktioniert ein Netzwerk unter Windows klaglos. Sollte dennoch mal ein Fehler auftreten, können Sie Windows Vista selbst heranziehen, um den Fehler zu finden und häufig sogar zu beheben.

1 Tritt ein Fehler auf, öffnen Sie das Netzwerk- und Freigabecenter, wie auf Seite 67 gezeigt. Im daraufhin geöffneten Fenster signalisiert Ihnen ein rotes Kreuz ●,

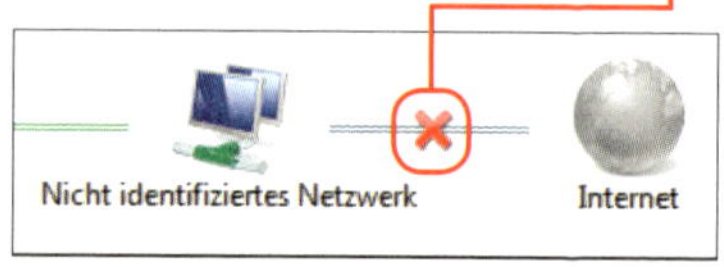

Keine Fehlerbehebung bei defekten Geräten

Ein Programm kann natürlich keinen Gerätefehler beheben. Falls in Ihrem Netzwerk also ein Fehler auftreten sollte, überprüfen Sie zunächst, ob die Netzwerkkabel korrekt eingesteckt sind. Oder, wenn der Zugang ins Internet nicht klappt, ob Ihr Modem/Router angeschlossen und eingeschaltet ist. Sollte der Fehler dann immer noch nicht behoben sein, kann eine Netzwerkkarte oder ein Kabel defekt sein. In dem Fall benötigen Sie natürlich fachliche Hilfe.

dass ein Fehler vorliegt. Im Beispiel befindet sich das Kreuz zwischen dem Symbol des Rechners und dem Internetsymbol. Auch das Problem wird benannt („Nicht identifiziertes Netzwerk“) - was allerdings nicht sehr aussagekräftig ist.

2 Um die Fehlerbehebung zu starten, klicken Sie einfach auf das rote Kreuz. Daraufhin startet Windows Vista die Fehlersuche.

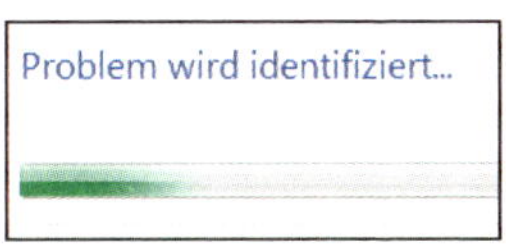

Wenn die Überprüfung abgeschlossen ist, werden Sie über das Ergebnis informiert. Im Beispiel ist offenbar eine ungültige **IP-Adresse** die Fehlerquelle: ●.

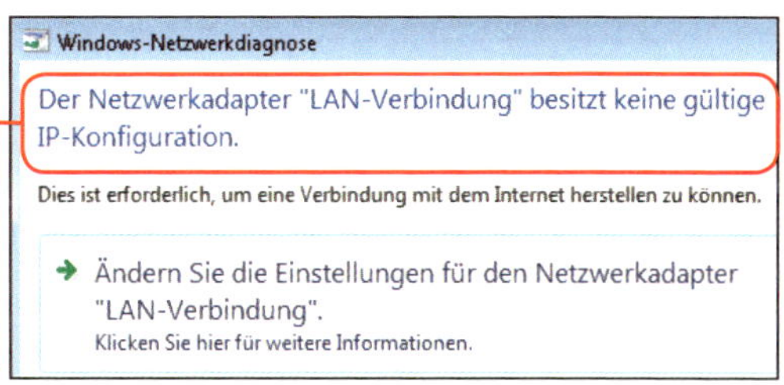

3 Damit der Fehler jetzt behoben wird, klicken Sie in das Feld neben dem grünen Pfeil: ●.

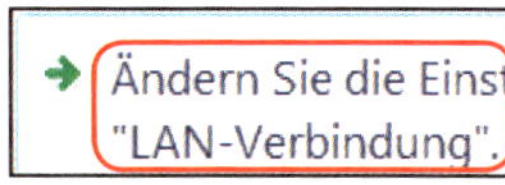

Anschließend wird ein Fenster geöffnet, in dem Ihnen diverse Hilfestellungen zur Fehlerbehebung angeboten werden. Sie können nun einfach den Anweisungen folgen. Im Beispielfall klicken Sie auf den Eintrag ●.

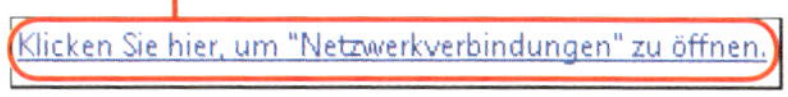

Im Fenster für die Netzwerkverbindungen, das daraufhin sichtbar wird, folgt ein Doppelklick auf das Symbol für Ihre Netzwerkverbindung ●.

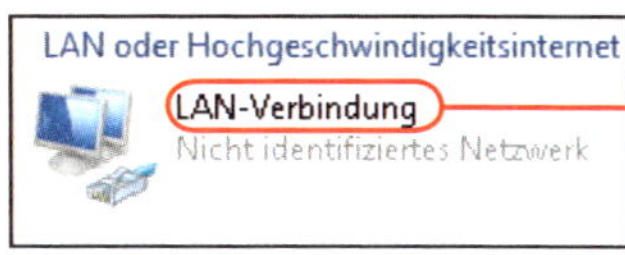

4 Wenn Sie im nächsten Fenster auf den Eintrag

.

klicken, müssen Sie als Erstes wieder den Warnhinweis per Klick auf

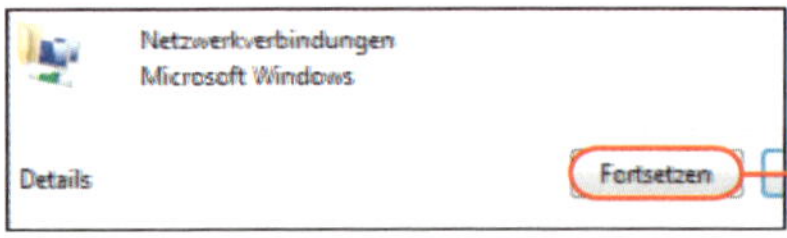

bestätigen. Klicken Sie danach auf den Eintrag für die IP-Adresse

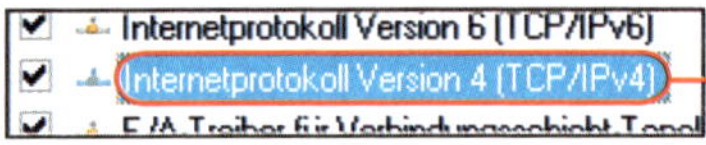

,

und anschließend auf die Schaltfläche

.

5 Bei einer Netzwerk- und Internetverbindung via Router, wird die IP-Adresse zumeist automatisch eingestellt. Im Beispiel ist die automatische Vergabe allerdings abgeschaltet: .

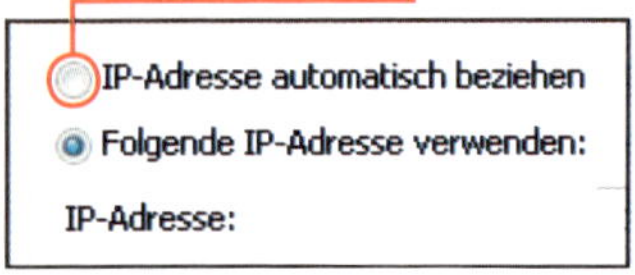

Klicken Sie einfach auf den Eintrag für die automatische IP-Adresse, sodass davor der Punkt im Kreis erscheint ,

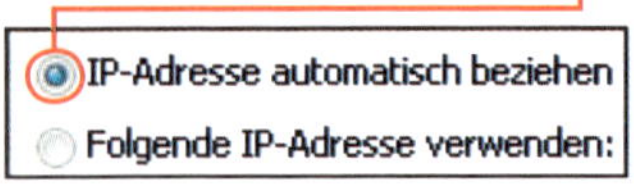

und bestätigen Sie die Änderung mit einem Mausklick auf

.

6 Die zwei noch offenen Fenster schließen Sie jeweils per Klick auf

und das Hilfefenster mit einem Mausklick auf

.

Im Netzwerk- und Freigabecenter sehen Sie daraufhin, dass das rote Kreuz ebenso wie der Problemhinweis verschwunden sind: .

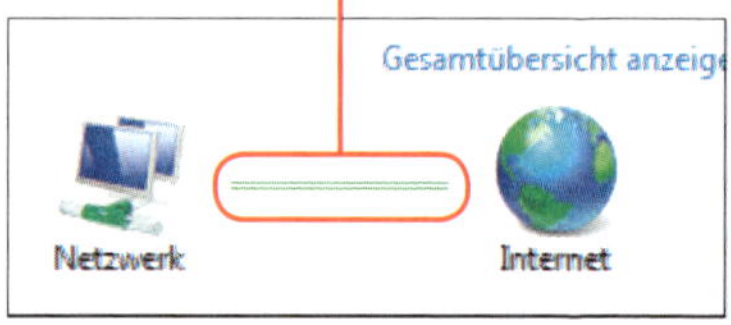

Schließen Sie auch dieses Fenster per Klick auf das Schließkreuz.

Danach wird Ihr Netzwerk wieder funktionieren.

Ein Funknetzwerk einrichten

Ein Funknetzwerk hat den Vorteil, dass Sie keine Kabel verlegen müssen und zum Beispiel mit Ihrem Laptop praktisch überall ins Internet kommen. Die meisten Laptops sind bereits von vornherein mit allen notwendigen Bestandteilen ausgestattet. Und wenn Sie einen Router haben, der auch drahtlos arbeiten kann, steht dem mobilen Zugang ins Netzwerk und Internet mit Ihrem Laptop nichts mehr im Wege.

! Sicherheit geht vor!

In der Beschreibung Ihres Netzwerkrouters finden Sie den Namen Ihres Drahtlosnetzwerks und das Passwort für das Funknetzwerk. Sie sollten den Namen des Netzwerks, häufig einfach „WLAN", aus Sicherheitsgründen sofort ändern. Das Gleiche gilt für das Passwort. Wie Sie das machen, erfahren Sie ebenfalls in der Beschreibung Ihres Routers.

Mit Windows Vista geht die Einrichtung eines drahtlosen Netzwerks ganz einfach. Denn die meiste Arbeit hat Windows schon bei der Installation des Betriebsprogramms im Hintergrund erledigt. Es fehlt nur noch die korrekte Einrichtung. Und so geht's:

1 Öffnen Sie wie gewohnt das Netzwerk- und Freigabecenter. Dann sehen Sie, dass aktuell keine Verbindung zu einem Netzwerk besteht. Nach einem Klick auf den Eintrag ●

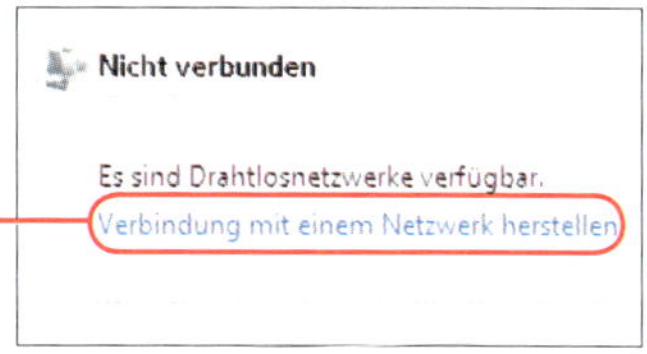

werden alle Drahtlosnetzwerke in Ihrer Nähe aufgelistet.

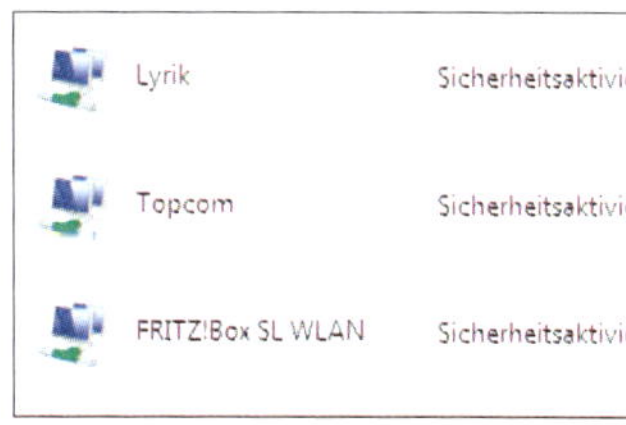

2 Nun klicken Sie das Symbol Ihres Drahtlosnetzwerkes an. Der Name wird vom Hersteller Ihres Routers vorgegeben. Sie finden ihn in der Gerätebeschreibung, im Beispiel ●.

Anschließend folgt ein Mausklick auf die Schaltfläche

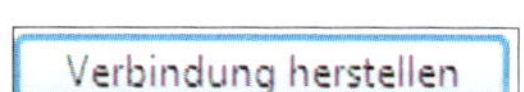

.

3 Windows Vista nimmt daraufhin die Verbindung zu Ihrem Funknetzwerk auf.

Sobald das Programm fündig geworden ist, müssen Sie das Passwort für Ihr Netzwerk eingeben.

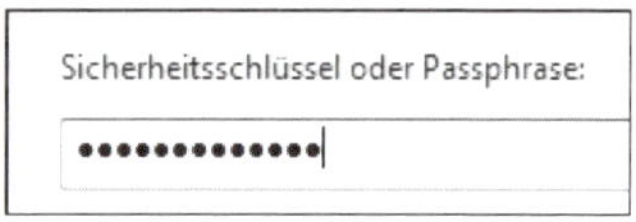

Klicken Sie danach auf die Schaltfläche

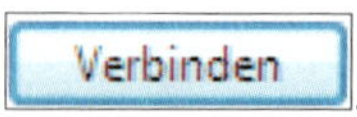

.

4 Das war's schon: Sie sind mit dem Drahtlosnetzwerk verbunden: .

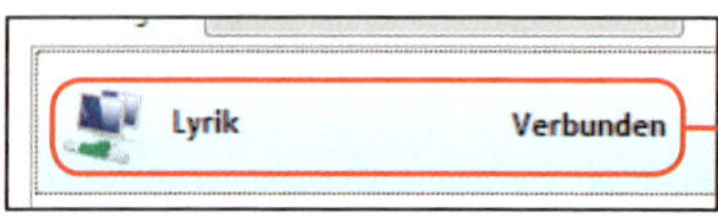

Wenn Sie am unteren Rand Ihres Bildschirms den Mauszeiger über das Symbol für Netzwerke

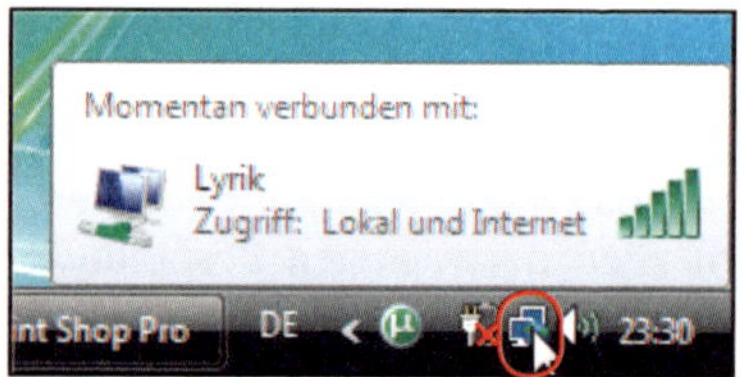

führen, wird Ihre Netzwerkverbindung per Funk auch angezeigt. Das Netzwerkfenster schließen Sie wie gewöhnlich per Klick auf

.

Sollte das Drahtlosnetzwerk einmal nicht funktionieren, können Sie die Reparatur mit Windows Vista vornehmen, wie es im vorigen Abschnitt gezeigt wurde.

7 Das Windows Sicherheitscenter

Wenn Sie mit Ihrem Rechner arbeiten, müssen Sie jedes Mal damit rechnen, dass Sie sich Schadprogramme einfangen. So können Sie im **Internet** leicht auf Internetseiten und Dateien stoßen, die Schadprogramme einschleusen wollen, um zum Beispiel Ihre Bankdaten oder Passwörter auszuspionieren. Aber auch per **E-Mail** oder mit Disketten oder **USB-Speicherstiften** können Schadprogramme auf Ihren Rechner gelangen. Das ist selbst bei großer Vorsicht nicht grundsätzlich auszuschließen.

Damit Sie sich vor solchen Gefahren schützen können, stellt Ihnen Windows Vista das „Sicherheitscenter" zur Verfügung. Darin sind Programme und Einstellungen zur Sicherheit versammelt. Neben den Programmen des Sicherheitscenters, dem „Windows-Defender" und der „Windows-Firewall", die Sie vor Eindringlingen aus dem Internet schützen, empfiehlt sich noch die Installation eines Antivirenprogramms. Wenn Sie dann noch alle Updates beziehungsweise Sicherheitsverbesserungen herunterladen, sind Sie in den meisten Fällen auf der sicheren Seite.

Im siebten Kapitel dieses Buches erfahren Sie,

- wie Sie den Windows-Defender einschalten,
- wie Sie den Defender einrichten,
- wie Sie die Windows-Firewall einschalten,
- wie Sie ein Antivirenprogramm aus dem Internet überspielen und einrichten
- und wie Sie für das automatische Überspielen neuer Sicherheitsverbesserungen sorgen.

Kapitel-Wegweiser

Der Windows-Defender

Der „Defender“ von Windows Vista ist ein Antispionageprogramm, mit dem bereits vorhandene Viren und andere Schädlinge gefunden und entfernt werden. Außerdem verhindert das Programm das Eindringen neuer Schädlinge. Der Defender arbeitet die ganze Zeit im Hintergrund und überwacht Ihren Rechner, damit keine Schadprogramme eindringen können. Sobald ein Spionageprogramm entdeckt wird oder ein Programm versucht, unerlaubt Windows-Einstellungen zu verändern, warnt Sie der Defender. Damit er seine Aufgabe erfüllen kann, müssen Sie das Programm nur noch korrekt einstellen.

Den Windows-Defender starten

Um den Defender einstellen zu können, öffnen Sie zuerst das Einstellungsfenster des Programms. Dazu gibt es drei verschiedene Methoden.

1 Entweder Sie klicken in der Statusleiste am unteren Rand Ihres Bildschirms doppelt auf das Symbol des Sicherheitscenters

und im geöffneten Sicherheitscenters einfach auf

.

2 Sie können das Programm aber auch starten, indem Sie auf

,

danach auf

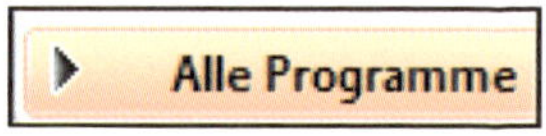

und schließlich auf klicken.

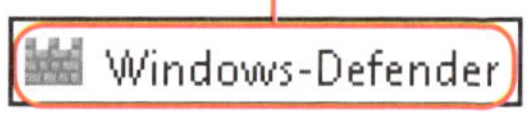

3 Natürlich geht das Ganze auch per Tastatur: Ein Druck auf die ⊞-Taste öffnet das Startmenü. Wenn Sie nun damit beginnen, in das Textfeld den Namen des Programms einzutippen,

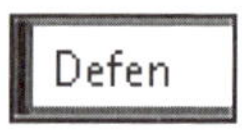

werden Sie feststellen, dass der komplette Programmeintrag noch während der Eingabe angezeigt wird.

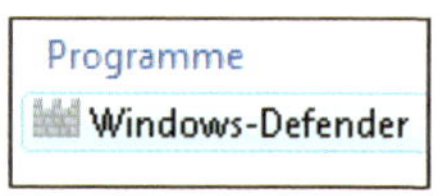

Ein Druck auf die ↵-Taste genügt, um das Programm zu starten.

Den Defender für die Überprüfung einrichten

Wurde das Programm noch nicht vollständig eingerichtet, kann es seine Aufgabe logischerweise nicht korrekt erfüllen. Daher müssen Sie noch selbst Hand anlegen.

1 Zwar kann das Programm Ihren Rechner im Prinzip schon überprüfen, doch ist die Zeit dafür nicht gerade glücklich gewählt. Sie erkennen dies an den Statuseinstellungen am unteren Fensterrand: ●.

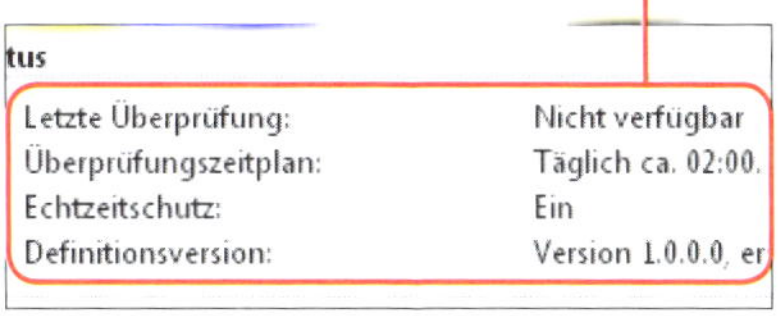

Um zwei Uhr nachts dürften nicht gerade viele Benutzer ihren Rechner noch angeschaltet haben. Um die Zeit der automatischen Überprüfung zu ändern, klicken Sie in der Symbolleiste auf

und im dann geöffneten Fenster auf den Eintrag ●.

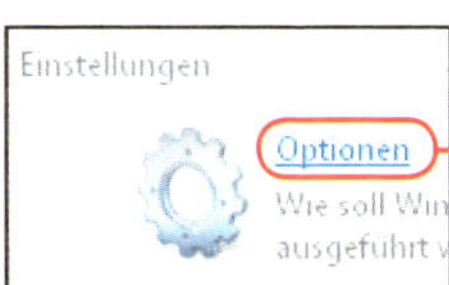

2 Im Einstellungsfenster lassen Sie den ersten Eintrag ● unverändert. Damit Sie jedoch die Uhrzeit der täglichen Überprüfung ändern können, klicken Sie auf den zweiten Eintrag ●

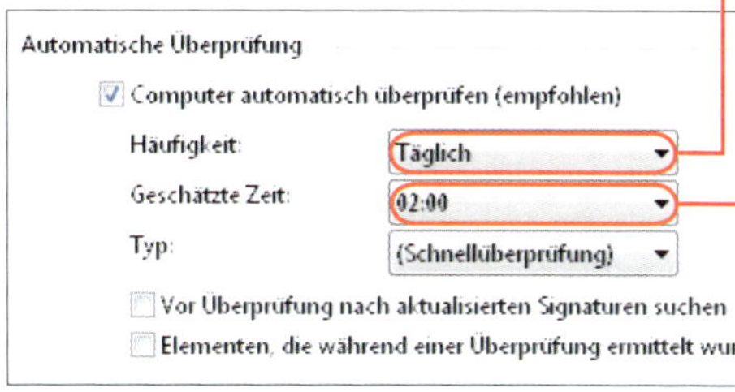

und wählen dann mit einem Mausklick den gewünschten Zeitpunkt aus, im Beispiel: ●.

3 Wenn das Programm auch neue Schadprogramme erkennen und beseitigen soll, muss es „Signaturen" von der Internetseite von Microsoft holen. Mithilfe solcher Signaturen kann der Defender Schadprogramme erkennen. Klicken Sie also auf den Eintrag unter der Zeiteinstellung, sodass im Kästchen davor ein Häkchen erscheint: ●.

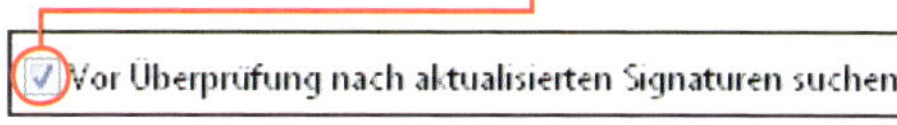

Und damit das Programm gefundene Schädlinge automatisch entsorgt, sollten Sie auch den folgenden Eintrag noch anklicken: ●.

4 Damit das Programm Ihren Rechner laufend überwacht, muss der sogenannte Echtzeitschutz angeschaltet sein. Kontrollieren Sie also, ob vor dem entsprechenden Eintrag das Häkchen gesetzt ist: ●.

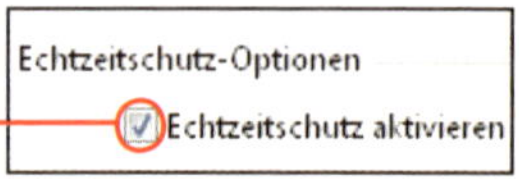

Klicken Sie dann auf die Schaltfläche

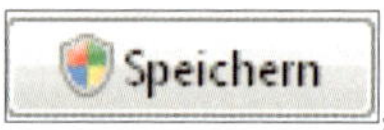

,

und bestätigen Sie die nachfolgende Warnung

mit einem Mausklick auf

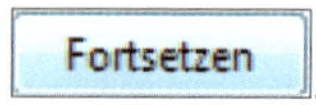

.

Das Defender-Fenster schließen Sie wie gewohnt per Klick auf

.

Die Windows-Firewall

Eine sogenannte **Firewall** (engl. „firewall“ = „Brandschutzmauer“) schützt Ihren Rechner vor Übergriffen aus dem Internet und auch vor dem Ausspionieren Ihrer persönlichen Daten wie Bankverbindungen oder Passwörter. Windows Vista hat von Haus aus ein solches Sicherheitsprogramm an Bord. Nur eingeschaltet und eingerichtet muss es sein, damit der Schutz auch wirksam ist.

Die Windows-Firewall einschalten

Im Normalfall ist die Firewall bei Windows Vista schon eingeschaltet. Sollte dies nicht der Fall sein, werden Sie von Zeit zu Zeit darauf hingewiesen.

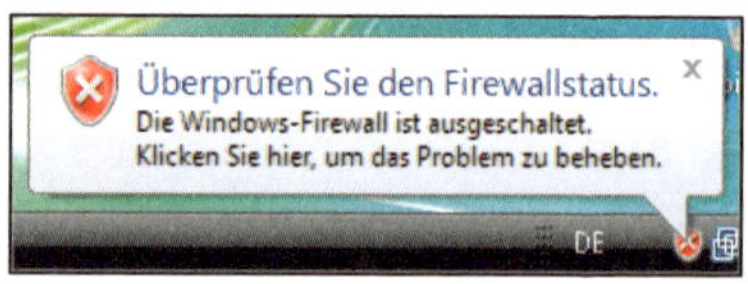

Aber selbst wenn Sie diese Meldung übersehen haben, können Sie am Symbol des Sicherheitscenters erkennen, dass irgendetwas nicht stimmt. Das Symbol ist in dem Fall nämlich rot:

Genau wie beim Defender können Sie das Einstellungsfenster für die Firewall auf mehreren Wegen erreichen.

1 Am schnellsten geht es, wenn Sie wieder doppelt auf das Symbol des

Sicherheitscenters

und im geöffneten Fenster einfach auf den Eintrag klicken.

Ebenso wie beim Defender können Sie die Firewall aber auch per Tastatur über das Startmenü öffnen. Sie brauchen dazu nur in das Textfeld den Namen des Programms einzutippen

,

und per Druck auf die ↵-Taste zu bestätigen.

2 Im geöffneten Fenster werden Sie zunächst darauf hingewiesen, dass die Firewall noch abgeschaltet ist.

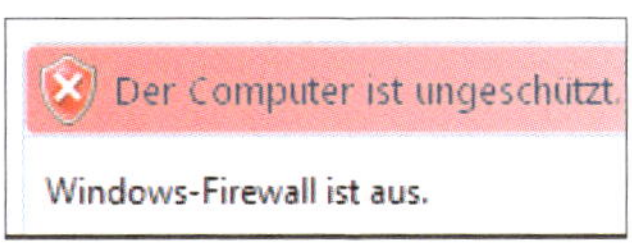

Um dies zu ändern, klicken Sie entweder im linken Teil des Fensters auf

oder im rechten Teil auf den Eintrag

.

In beiden Fällen müssen Sie die Warnmeldung

mit einem Mausklick auf

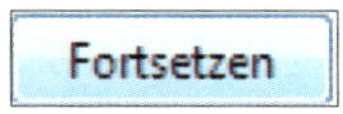

beantworten.

3 Im Fenster, das daraufhin angezeigt wird, können Sie die Firewall einschalten. Klicken Sie dazu auf

sodass im Kreis ein Punkt erscheint: .

Nun ist die Firewall eingeschaltet, und Sie brauchen zur Bestätigung der Einstellung nur noch auf die Schaltfläche

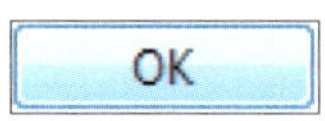

zu klicken.

4 Im nach wie vor geöffneten Fenster der Firewall sehen Sie sofort, dass der Eintrag jetzt grün dargestellt wird. Das signalisiert, dass Ihr Rechner nun durch die Firewall geschützt wird ●.

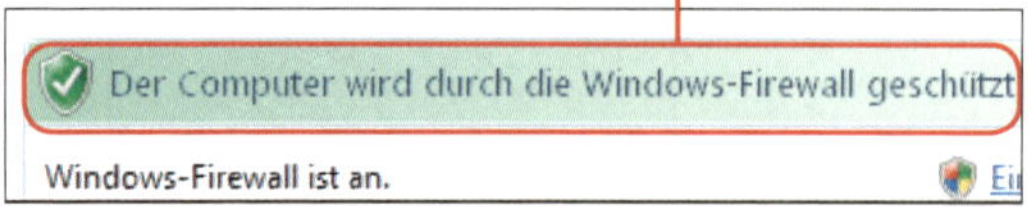

Sie schließen das Fenster wie gewohnt per Klick auf

.

Keine zwei Firewall-Programme verwenden

Im Handel gibt es viele unterschiedliche Firewall-Programme. Sollten Sie der eingebauten Firewall von Windows Vista nicht trauen, können Sie daher jederzeit ein anderes Firewall-Programm verwenden. Wichtig ist jedoch, dass Sie die Windows-Firewall in dem Fall abschalten. Denn sonst könnten sich die beiden Programme ins Gehege kommen, was unter Sicherheitsaspekten fatal wäre. Dazu gehen Sie einfach vor, wie in den Schritten 2 und 3 auf Seite 81 gezeigt, und entfernen mit einem Mausklick den Punkt im Kreis. Daraufhin wird die Windows-Firewall abgeschaltet.

Antivirenprogramme als Schutz vor Viren

Zwar haben Sie mit der Firewall schon eine Menge für Ihre Sicherheit getan. Jedoch können Viren auch per E-Mail oder Diskette und USB-Stift eingeschleust werden. Und der Defender ersetzt kein „richtiges“ Antivirenprogramm. Dies können Sie im Sicherheitscenter schon daran erkennen, dass der entsprechende Eintrag gelb hinterlegt ist - ein deutlicher Warnhinweis darauf, dass Sie ein Antivirenprogramm benötigen: ●.

Dieses Problem lässt sich ganz einfach lösen. Denn Microsoft arbeitet mit Sicherheitsfirmen zusammen, die entsprechende Programme herstellen. Diese Programme können Sie von den Herstellerseiten herunterladen und installieren. Darunter befindet sich auch ein Antivirenprogramm, das Microsoft selbst anbietet.

Von Microsoft empfohlene Programme herunterladen

Microsoft empfiehlt mehrere (kostenpflichtige) Antivirenprogramme von unterschiedlichen Anbietern. Diese Antivirenprogramme arbeiten gut mit Windows Vista zusammen. Während Sie die Programme über das Sicherheitscenter herunterladen, müssen Sie natürlich mit dem Internet verbunden sein.

1 Damit Sie Zugriff auf das Sicherheitscenter erhalten, klicken Sie zunächst im geöffneten Startmenü auf

,

danach in der geöffneten Systemsteuerung auf ●

und schließlich auf den Eintrag ●.

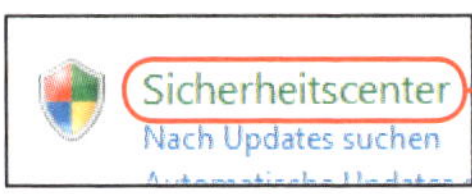

2 Wenn das Sicherheitscenter angezeigt wird, klicken Sie als Erstes auf den Eintrag ●

und anschließend auf die Schaltfläche

.

3 Daraufhin wird der Internet Explorer gestartet, und die empfohlenen

Tippend zum Sicherheitscenter

Auch für das Sicherheitscenter gibt es eine „Abkürzung" per Tastatur. Dazu tippen Sie im Startmenü in das Textfeld den Namen des Programms ein.

Schon bei der Eingabe wird das gesuchte Programm angezeigt, hier: ●.

Falls mehrere Einträge auftauchen, markieren Sie den richtigen Eintrag per [↓]-Taste und starten das Sicherheitscenter mit einem Druck auf die [↵]-Taste.

Programme werden angezeigt: ●.

Darunter befindet sich auch das Programm von Microsoft, „Windows Live OneCare". Damit Sie es herunterladen können, klicken auf den entsprechenden Eintrag ●.

4 Umgehend wird die dazugehörige Internetseite geöffnet und angezeigt. Das Programm von Microsoft kann 90 Tage getestet werden. Das Herunterladen leiten Sie per Klick auf die Schaltfläche für die Probierversion ● ein.

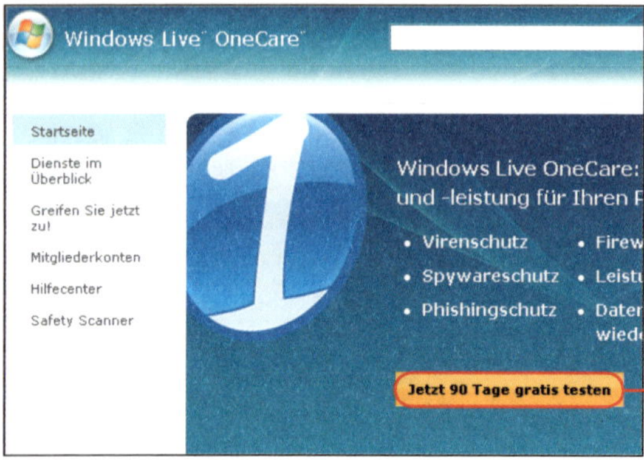

Im nächsten Fenster folgt ein Mausklick auf den Eintrag

5 Wenn Sie anschließend auf die Schaltfläche ●

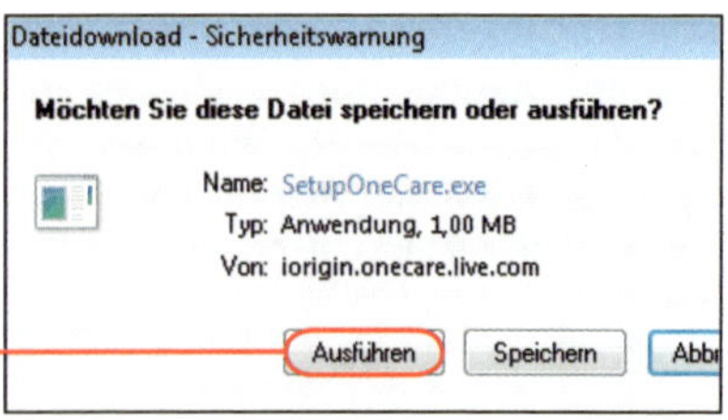

klicken, wird das Programm auf Ihrem Rechner gespeichert.

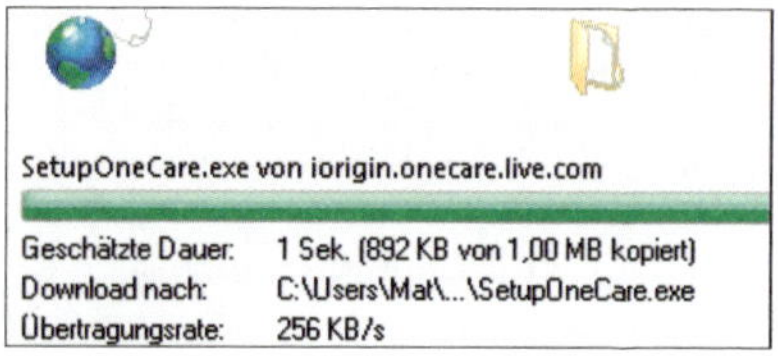

Ist der Vorgang abgeschlossen, genügt ein Klick auf die Schaltfläche

.

Die Fenster des Internet Explorers und des Sicherheitscenters schließen Sie dann wie gewohnt jeweils mit einem Mausklick auf ●.

Das Antivirenprogramm installieren

Wenn Sie ein Antivirenprogramm aus dem Internet überspielt beziehungsweise heruntergeladen haben, müssen Sie es noch installieren, bevor Sie es verwenden können. Da das Programm „Windows Live OneCare“ zunächst nur einen Teil herunterlädt, müssen Sie während des Installationsvorgangs mit dem Internet verbunden sein.

1 Sie finden heruntergeladene Dateien und Programme im Ordner

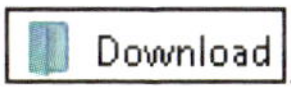

.

Ein Mausklick auf den Ordner - und im rechten Teil des Ordnerfensters wird das Programm angezeigt. Dort starten Sie die Installation mit einem Doppelklick auf das Programmsymbol.

2 Zuerst müssen Sie natürlich den Warnhinweis per Klick auf

akzeptieren, ebenso wie den folgenden. Dazu klicken Sie auf die Schaltfläche

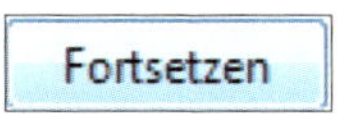

und im nächsten Fenster auf

.

3 Im Fenster, das daraufhin geöffnet wird, müssen Sie den Lizenzbestimmungen zustimmen. Klicken Sie dazu auf den Eintrag

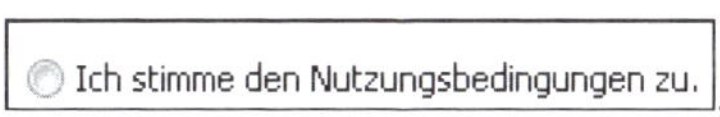

,

sodass im Kreis davor ein Punkt erscheint,

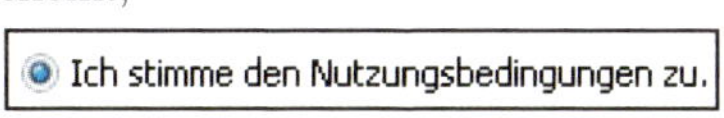

und anschließend wieder auf

.

4 Da bislang erst ein Teil des Programms heruntergeladen wurde, wird jetzt der Rest aus dem Internet geholt und das Programm installiert.

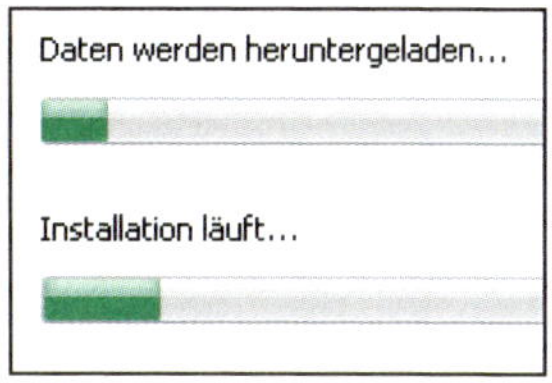

Sollten Sie den Defender eingeschaltet haben, wird dieser vom Installationsprogramm automatisch ausgeschaltet, da die Installation sonst behindert würde. Die entsprechende Meldung können Sie in diesem Fall - jedoch nur in diesem Falle - einfach ignorieren.

Ist die Installation abgeschlossen, muss der Rechner neu gestartet werden. Klicken Sie dazu einfach auf

.

5 Nach dem Neustart Ihres Rechners überprüft Windows Live OneCare zunächst Ihren Rechner.

Haben Sie das Programm schon gekauft, klicken Sie auf den ersten Eintrag

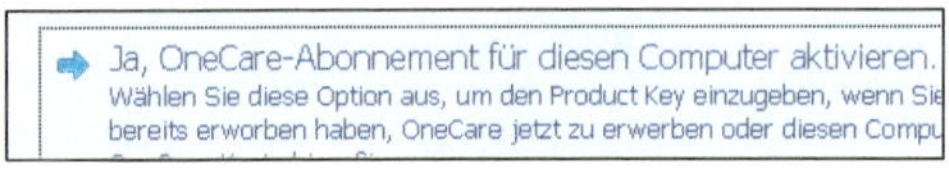

und folgen den Anweisungen. Möchten Sie das Programm hingegen erst testen, klicken Sie auf den zweiten Eintrag.

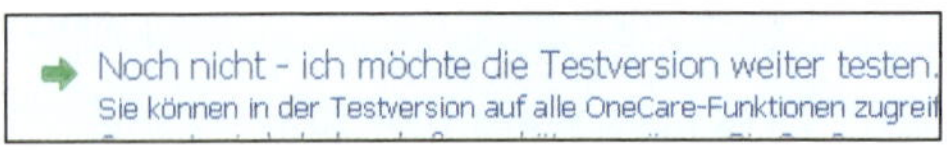

Zum Schließen des Antivirenprogramm-Fensters reicht der übliche Klick auf

.

6 Anschließend finden Sie in der Taskleiste das Symbol des Antivirenprogramms.

Solange das Symbol grün ist, brauchen Sie sich nicht darum zu kümmern. Erst bei einer Gefährdung durch Schadprogramme wird aus dem Grün Rot. In dem Fall müssen Sie das (dann also rote) Symbol anklicken und den Anweisungen folgen.

Sicherheits-Updates automatisch herunterladen

Wenn Sie das Antivirenprogramm von Microsoft installiert haben, ist das automatische Übertragen von Sicherheitsverbesserungen standardmäßig eingeschaltet. Sollten Sie aber noch kein Antivirenprogramm oder das von einem anderen Hersteller installiert haben, müssen Sie diese Option per Hand aktivieren.

1 Öffnen Sie das Sicherheitscenter mit einem Doppelklick auf das Symbol

in der Taskleiste, und klicken Sie im daraufhin angezeigten Fenster auf

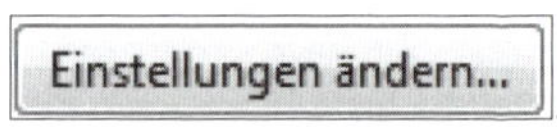

.

2 Im Fenster, das nun sichtbar wird, brauchen Sie nur noch auf den Eintrag

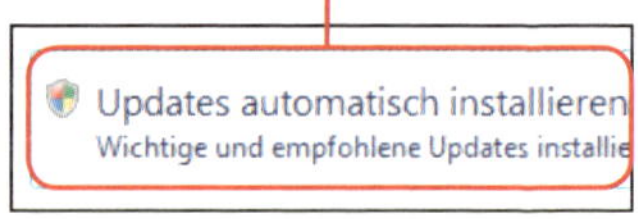

zu klicken. Den nachfolgenden Warnhinweis nehmen Sie einfach per Klick auf

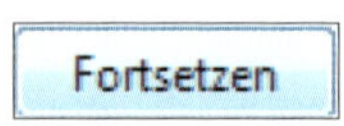

zur Kenntnis.

3 Das war's auch schon: Sie haben die Automatik eingeschaltet, und künftig werden alle Sicherheitsverbesserungen beziehungsweise Updates direkt auf Ihren Rechner überspielt und installiert, ohne dass Sie sich darum kümmern müssen. Im Sicherheitscenter sind dann auch alle Einträge grün hinterlegt.

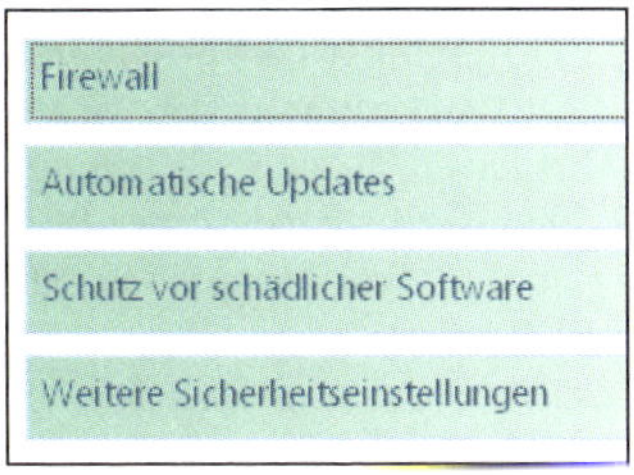

Das bedeutet, dass Sie alle notwendigen Sicherheitsmaßnahmen getroffen haben. Das Fenster des Sicherheitscenters schließen Sie wieder per Klick auf

.

8 Mit dem Internet Explorer ins weltweite Datennetz

Im **Internet** finden Sie Informationen zu allen erdenklichen Themen, Musik, Filme und Spiele in riesiger Auswahl. Um komfortabel auf all diese Inhalte zugreifen zu können, bietet Ihnen Microsoft den „Internet Explorer".

Auch mit anderen Internetanzeigeprogrammen beziehungsweise **Browsern** können Sie Ihre Ausflüge ins Internet unternehmen. Diese Programme sind meist kostenlos erhältlich wie zum Beispiel der „Firefox" von Mozilla. Ob Sie nun den Internet Explorer von Microsoft oder den Firefox von Mozilla oder noch einen anderen Browser benutzen, ist natürlich Geschmackssache. Da der Internet Explorer jedoch automatisch mit dem Betriebsprogramm mitinstalliert wird, werden Sie Ihre ersten Ausflüge ins Internet vermutlich mit ihm machen. Und bei einem dieser Ausflüge können Sie sich dann auch gleich neue Desktop-Hintergründe oder Musikstücke auf Ihren Rechner übertragen.

Im achten Kapitel dieses Buches erfahren Sie,
- wie Sie mit dem Internet Explorer ins Internet starten,
- wie Sie mehrerer Seiten zum Betrachten gleichzeitig offen halten,
- wie Sie mit dem Internet Explorer gezielt suchen,
- wie Sie sich Internetseiten für die spätere Verwendung merken
- und wie Sie Bilder und Musik aus dem Internet herunterladen.

Kapitel-Wegweiser

Der Internet Explorer 7 in der Praxis

Wenn Sie eine Verbindung zum Internet hergestellt haben - sei es per Modem oder per **DSL** -, können Sie sofort mit Ihrem ersten Ausflug ins Internet starten.

1 Klicken Sie dazu im geöffneten Startmenü auf das Symbol des Internet Explorers ●.

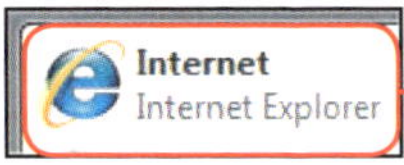

Daraufhin wählt sich der Internet Explorer automatisch in das Internet ein und öffnet die voreingestellte Startseite, im Beispiel: ●.

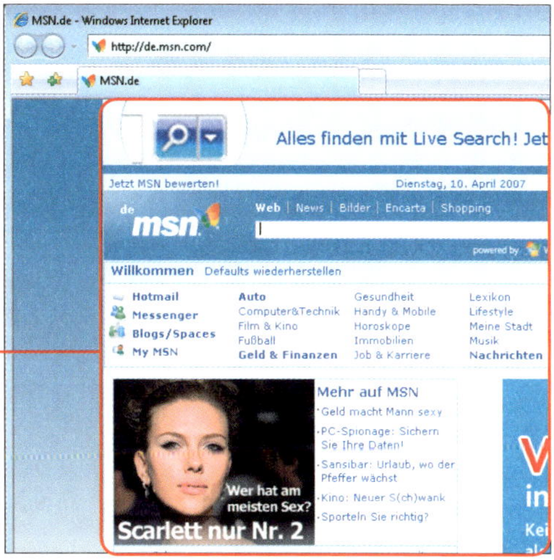

Startseite selbst festlegen

Wenn Sie die Seite, die der Internet Explorer als Erstes anzeigt, selbst festlegen möchten, benötigen Sie nur wenige Mausklicks. Wechseln Sie zunächst zur gewünschten Seite, im Beispiel zu COMPUTERBILD. Klicken Sie dann in der Multifunktionsleiste des Internet Explorers auf

und im geöffneten Menü auf

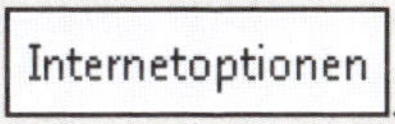

.

Im nächsten Fenster folgt ein Klick auf die Schaltfläche

.

Daraufhin erscheint im Fenster darüber die Adresse der eingestellten Startseite.

Zur Bestätigung genügt ein Klick auf

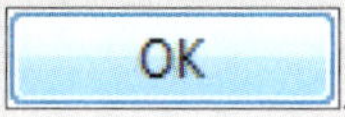

.

Beim nächsten Start des Internet Explorers wird automatisch die eingestellte Seite geöffnet.

2 Um eine andere Internetseite aufzurufen, müssen Sie die Adresse der Seite in das dafür vorgesehene Textfeld

eintippen. Möchten Sie zum Beispiel zur Seite von COMPUTERBILD wechseln, geben Sie einfach **www.computerbild.de** in das Textfeld ein.

Drücken Sie dann die ↵-Taste, wird die entsprechende Seite aufgerufen und angezeigt.

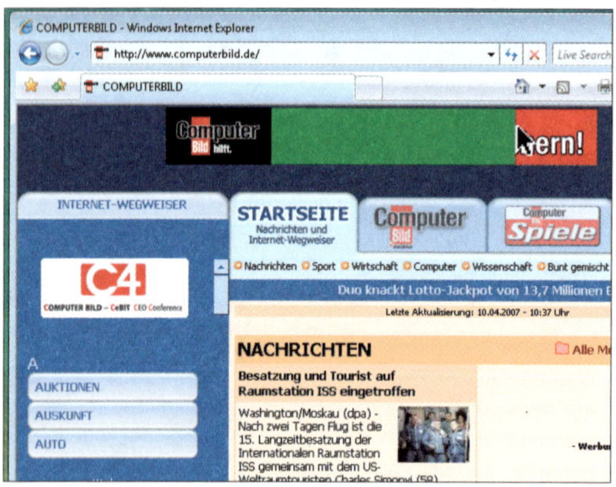

3 Innerhalb eines Internetauftritts können Sie auf unterschiedliche Weise zu den Unterseiten wechseln. Dazu dienen bei vielen Internetseiten am oberen Rand die Registerreiter. Ein Mausklick auf einen solchen Registerreiter, etwa ●,

öffnet die dazugehörige Seite.

Zu weiteren Seiten dieser Unterseite gelangen Sie, wenn Sie auf die Schaltflächen am linken Rand klicken, beispielsweise ●.

4 Auf den geöffneten Seiten finden Sie dann die sogenannten Links (Verweise), mit denen Sie einen einzelnen Artikel aufrufen können. Sie erkennen einen Verweis meist daran, dass er unterstrichen ist.

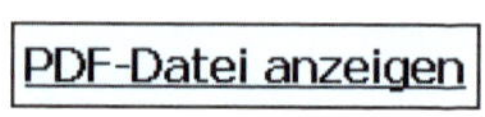

Aber selbst wenn er nicht unterstrichen ist, können Sie ihn erkennen: Fahren Sie mit dem Mauszeiger über einen solchen Eintrag, ändert der Zeiger seine Form und wird zu einer kleinen Hand.

Dann genügt ein Mausklick, und die entsprechende Seite wird geöffnet.

5 Selbstverständlich können Sie von jeder beliebigen Internetseite auf eine andere Seite wechseln. Das funktioniert auch von einer Unterseite aus. Sie müssen nur, wie in Schritt 2 gezeigt, die entsprechende Internetadresse in das Textfeld eintippen.

Dabei ist die vollständige Adresse meist nach dem gleichen Schema aufgebaut:
http://www.computerbild.de
Der Internet Explorer ist so eingestellt, dass Sie nur „www.computerbild.de" eingeben müssen.

Aufbau von Internetadressen

Internetadressen sind immer gleich aufgebaut. Das „http" ist das Protokoll, das im Internet für Internetseiten verwendet wird. Das „www" zeigt an, dass sich die Seite im Internet befindet, „computerbild" ist dann der Name der Internetseite, und das „de" bedeutet, dass es sich um eine deutsche Seite handelt.

Das vorangestellte „http://" ergänzt das Programm nach einem Druck auf die ↵-Taste automatisch

Mehrere Internetseiten in einem Fenster

Im Normalfall wird jede aufgerufene Internetseite in einem neuen Fenster geöffnet. Wenn Sie viele Seiten gleichzeitig geöffnet haben, können Sie dabei leicht die Übersicht verlieren. Aber auch darauf ist der Internet Explorer eingestellt. Die einzelnen Seiten lassen sich nämlich auch in einem Explorer-Fenster öffnen – was die Übersicht verbessert.

1 Am oberen Fensterrand des Internet Explorers finden Sie die sogenannten „Tabs", die wie Registerreiter funktionieren. Darin wird die Adresse der geöffneten Seite angezeigt, im Beispiel ●. Daneben finden Sie noch einen leeren Tab ●.

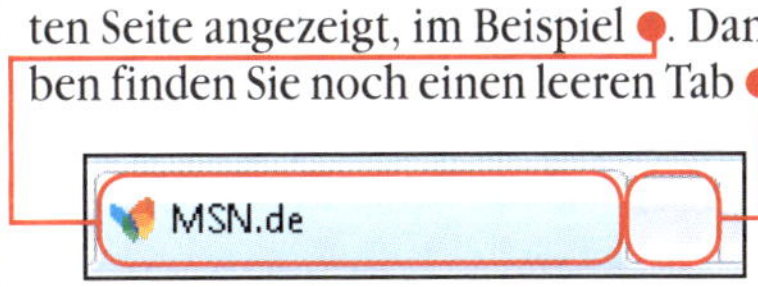

Klicken Sie auf diesen leeren Tab, wird eine leere Seite innerhalb des Explorer-Fensters geöffnet. Wenn Sie dann in das Adressfeld des Explorers eine Internetadresse eingeben und die ↵-Taste drücken, wird die neue Internetseite im gleichen Fenster geöffnet, etwa ●.

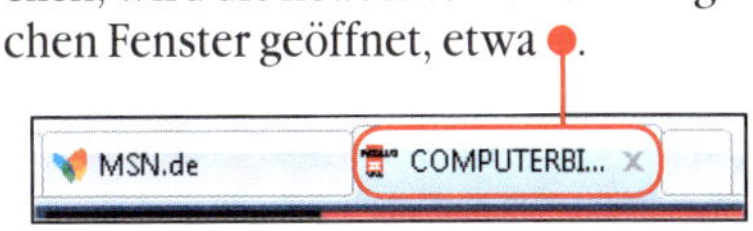

2 Möchten Sie eine Unterseite auch in einem Tab öffnen, klicken Sie den entsprechenden Link mit der (!) rechten Maustaste an, im Beispiel ●,

und wählen im aufklappenden Kontextmenü den Eintrag

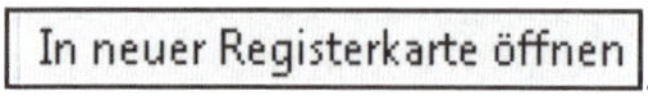

.

Daraufhin taucht ein neuer Registerreiter mit der entsprechenden Seite auf, und die Unterseite wird angezeigt.

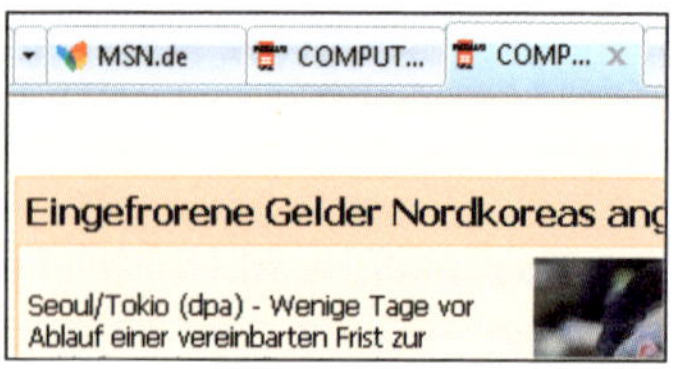

3 Die aktuell angezeigte Internetseite erkennen Sie daran, dass sie farbig hinterlegt ist und ein Schließkreuz ●

besitzt. Um nun von einer Seite zur anderen zu wechseln, brauchen Sie nur den entsprechenden Registerreiter anzuklicken. Sofort wird die Seite in den Bildschirmvordergrund geholt, etwa ●.

4 Falls Sie gerade besonders viele Seiten geöffnet haben, kann es passieren, dass Sie nicht mehr genau wissen, welche Internetseite sich hinter welchem Registerreiter versteckt. Denn bei Platzmangel werden in der Leiste nur noch die Anfangsbuchstaben angezeigt.

Klicken Sie dann einfach auf das kleine Dreieck links neben den Registerreitern: ●.

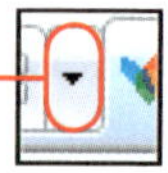

Daraufhin klappt eine Liste der geöffneten Internetseiten auf, und Sie können die gewünschte Seite per Klick auf den Eintrag anzeigen lassen.

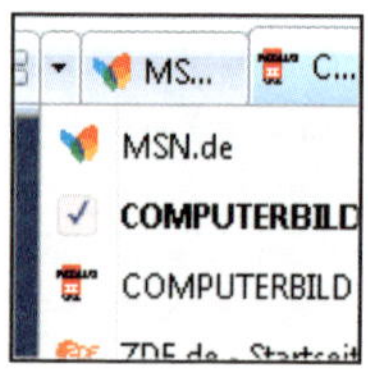

5 Neben dem Dreieck für die Liste der geöffneten Internetseiten finden Sie ein Symbol, über das Sie sich auch Vorschaubilder jeder geöffneten Internetseite anzeigen lassen können: ●.

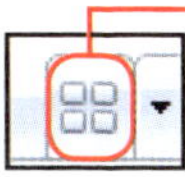

Wenn Sie auf dieses Symbol klicken, werden die Internetseiten verkleinert dargestellt.

Ein Mausklick auf die entsprechende Vorschau - und die jeweilige Seite wird in den Vordergrund geholt und angezeigt.

6 Genauso einfach, wie Internetseiten geöffnet werden, können Sie diese auch schließen. Der Registerreiter der aktuellen Internetseite hat ein Schließkreuz ●.

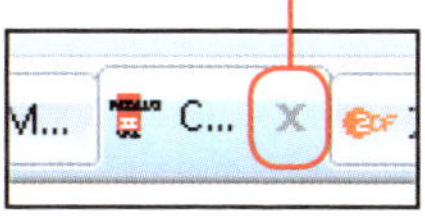

Ein Mausklick auf dieses Schließkreuz genügt, damit die Internetseite geschlossen wird. Dabei bleiben die anderen Internetseiten weiterhin geöffnet.

Wollen Sie hingegen alle Internetseiten gleichzeitig schließen, klicken Sie auf das Schließkreuz des Internet Explorers:

.

Sobald Sie den nachfolgenden Warnhinweis per Klick auf

beantwortet haben, wird der Internet Explorer mit al len angezeigten Seiten geschlossen

Suchen und finden mit dem Internet Explorer

Da im Internet fast alles, was gesucht wird, auch vorhanden ist, muss es nur noch gefunden werden. Auch darauf ist der Internet Explorer vorbereitet. Das Programm verfügt über eine sogenannte Suchmaschine, die Ihnen sehr komfortabel bei der Suche hilft.

1 Öffnen Sie den Internet Explorer wie gewohnt mit einem Mausklick auf sein Programmsymbol ●.

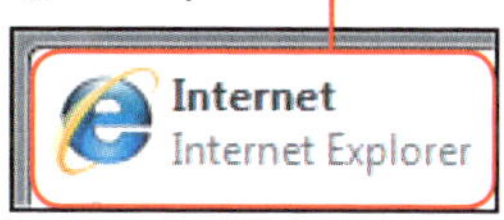

Im Fenster, das daraufhin erscheint, finden Sie oben rechts ein Textfeld, in das Sie einen Suchbegriff eingeben können.

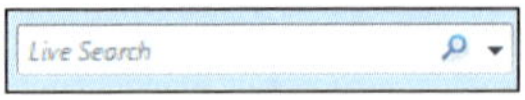

Tippen Sie also einen Begriff für das Gesuchte oder die gesuchte Person ein, im Beispiel ●,

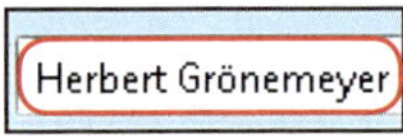

und drücken Sie danach die ↵-Taste, oder klicken Sie auf die Lupe ●.

2 Anschließend wird die Suche gestartet und das Ergebnis kurz darauf angezeigt. Per Klick auf einen der Einträge, beispielsweise ●,

wird die dazugehörige Seite geöffnet.

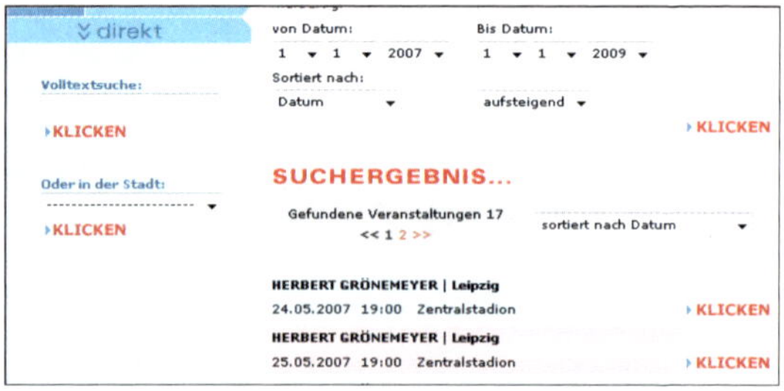

3 Sollten Sie mit den Suchergebnissen nicht zufrieden sein, können Sie auch eine andere Suchmaschine verwenden. Dazu klicken Sie im Suchfeld neben der Lupe auf das Dreieck ●

und wählen aus der dann geöffneten Liste den Eintrag

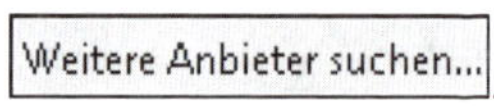

.

Nun werden weitere Suchmaschinen aufgelistet.

4 Wenn Sie sich für eine entschieden haben, klicken Sie den entsprechenden Eintrag einfach an, im Beispiel ●.

Als Nächstes werden Sie gefragt, ob Sie die Suchmaschine hinzufügen wollen. Sobald Sie die Nachfrage mit einem Mausklick auf

bestätigt haben, wird Google in die Liste der über Ihren Internet Explorer erreichbaren Suchmaschinen hinzugefügt.

5 Möchten Sie künftig mit Google suchen, geben Sie, wie in Schritt 1 gezeigt, den Suchbegriff ein. Danach klicken Sie rechts im Suchfeld aber nicht auf die Lupe, sondern auf das Dreieck ●

und wählen aus der aufgeklappten Liste den Eintrag

.

Daraufhin wird die Suche per Google gestartet und das Ergebnis angezeigt ●.

6 Falls Sie in Zukunft immer mit einer bestimmten Suchmaschine im Internet arbeiten wollen, können Sie diese Suchmaschine einfach zum Standard machen. Dazu klicken Sie rechts im Suchfeld wieder auf das Dreieck und wählen dann den Eintrag

.

Anschließend sehen Sie die Liste der hinzugefügten Suchmaschinen.

Wenn Sie hier mit einem Mausklick auf den Eintrag, im Beispiel ●,

Ihre gewünschte Suchmaschine markieren und die Wahl dann per Klick auf die Schaltfläche

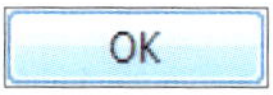

bestätigen, wird bei der Suche künftig immer die von Ihnen gewählte Suchmaschine verwendet.

Internetseiten schneller öffnen

Sind Sie häufiger im Internet unterwegs, stoßen Sie immer wieder auf Internetseiten, die für Sie interessant sind und die Sie später noch einmal besuchen möchten. Sie brauchen sich solche Internetadressen dann natürlich nicht auf einen Zettel zu schreiben. Diese Aufgabe nimmt Ihnen der Internet Explorer auf zweierlei Weise ab.

Bereits besuchte Seiten wieder aufrufen

Der Internet Explorer besitzt ein „Gedächtnis“, in dem er besuchte Internetseiten speichert, die Sie bei Bedarf ganz komfortabel erneut aufrufen können.

1 Starten Sie wie gewohnt den Internet Explorer. Um nun eine schon besuchte Seite wieder aufzurufen, klicken Sie im Adressfeld am rechten Rand einfach auf das Dreieck ●

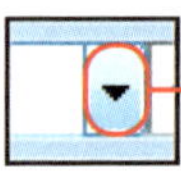

und in der daraufhin aufklappenden Liste, die alle bisher besuchten Seiten enthält,

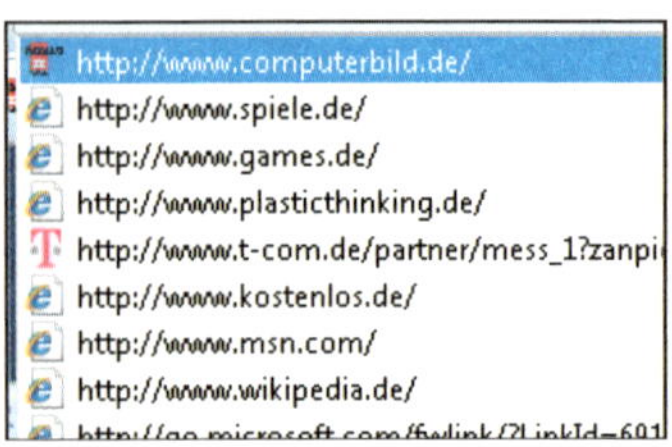

auf die gewünschte Adresse, im Beispiel ●.

2 Sollten Sie die gewünschte Seite nicht sofort in der Liste finden, können Sie den Internet Explorer selbst suchen lassen. Tippen Sie einfach den Anfang der Adresse einer bereits besuchten Seite in das Adressfeld ein. Dabei brauchen Sie nicht mal das „www“ der Internetadresse voranzustellen. Es genügt, wenn Sie damit beginnen, den Namen der Seite einzugeben.

Noch während der Eingabe zeigt Ihnen der Internet Explorer passende Einträge.

Auch hier reicht ein Mausklick auf den gewünschten Eintrag - und die Seite wird geladen.

Internetadressen speichern

Ihre Lieblingsseiten können Sie auch selbst speichern. Dazu müssen Sie die Adressen nur zu den sogenannten Favoriten hinzufügen.

1 Möchten Sie eine Internetadresse für die spätere Verwendung aufbewahren, müssen Sie die Seite als Erstes laden. Klicken Sie danach auf das Sternchen mit dem grünen Pluszeichen ●

und in der dann geöffneten Liste auf den Eintrag

.

2 Im Fenster, das daraufhin angezeigt wird, können Sie den Titel der Seite, im Beispiel ●, noch ändern, indem Sie ihn einfach überschreiben. Oder Sie klicken zur Bestätigung direkt auf die Schaltfläche ●.

Anschließend wird diese Internetadresse in die Liste Ihren Favoriten beziehungsweise bevorzugten Seiten aufgenommen.

3 Möchten Sie später eine dieser Seiten aufsuchen, geht das ganz einfach. Klicken Sie dazu auf das Sternchen (ohne Pluszeichen)

und danach auf den Eintrag

.

Sobald Sie in der dann geöffneten Liste die gewünschte Seite per Klick auf den Eintrag auswählen haben, etwa ●,

wird die Seite geladen und angezeigt.

4 Standardmäßig wird das Fenster mit den Favoriten geschlossen, sowie Sie eine Seite ausgewählt haben. Wenn Sie die Liste mit den Favoriten aber immer zur Hand haben wollen, klicken Sie in der Symbolleiste des Favoriten-Fensters auf ●.

Daraufhin wird die Liste der Favoriten offen gehalten, und Sie haben immer direkten Zugriff auf die gesammelten Adressen. Damit die Liste bei Bedarf wieder geschlossen wird, klicken Sie einfach in der Symbolleiste auf das Schließkreuz ●.

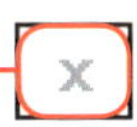

Bilder und Musik aus dem Internet überspielen

Nicht nur Informationen finden Sie im Internet, sondern auch Bilder und Musik. Und das Schönste ist: Viele Bilder und Musikstücke können Sie ganz einfach auf Ihren Rechner laden und verwenden.

Bilder aus dem Internet

Falls Ihnen die Hintergründe für Ihren Desktop zu langweilig geworden sind, können Sie leicht Abhilfe schaffen. Es gibt eine Riesenauswahl an Motiven im Internet. Und mit der gezielten Suche werden Sie ganz rasch fündig.

1 Öffnen Sie wie gewohnt Ihren Internet Explorer, geben Sie in das Suchfeld den Begriff ●

ein, und drücken Sie dann auf die ↵-Taste. Daraufhin wird Ihnen das Suchergebnis präsentiert: ●.

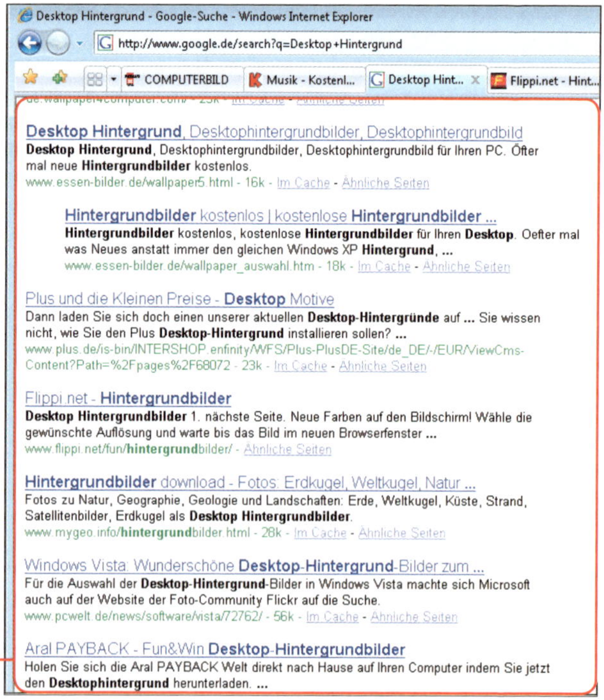

2 Hier können Sie aus den angezeigten Internetseiten ein Angebot auswählen, indem Sie den dazugehörigen Verweis einfach anklicken, im Beispiel ●.

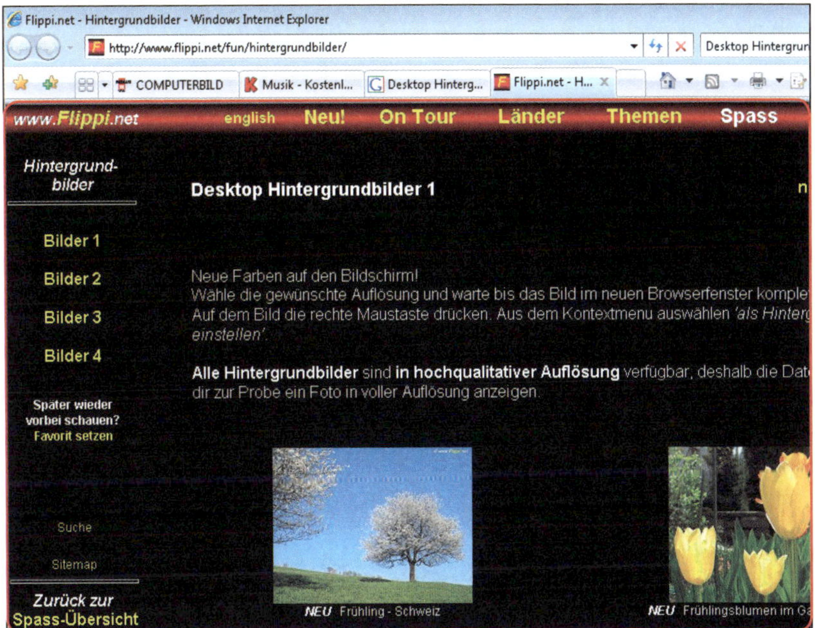

Sofort wird die entsprechende Internetseite aufgerufen: .

3 Für den Desktop-Hintergrund müssen Sie natürlich ein Bild nehmen, das in der richtigen Größe vorliegt. Sehen Sie dazu im Handbuch Ihres Bildschirms nach. In vielen Fällen ist „1024 x 768" die richtige Größe. Klicken Sie auf den entsprechenden Eintrag unter dem gewünschten Bild, im Beispiel ,

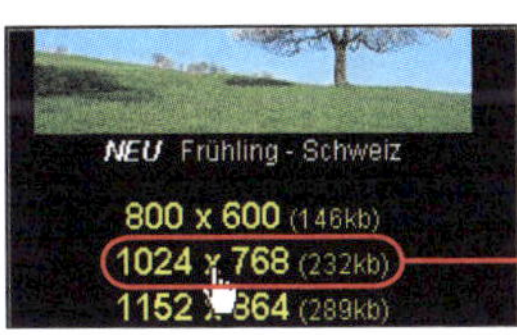

und schon wird das Bild angezeigt.

4 Um es zu übernehmen, klicken Sie das Bild mit der rechten (!) Maustaste an und wählen im Kontextmenü den

Eintrag

Internetoptionen.

Wenn Sie die nachfolgende Meldung per Klick auf die Schaltfläche

Ja

bestätigt haben, präsentiert sich Ihr Desktop gleich in ganz neuer Optik.

Kostenlose Musik aus dem Internet

Kostenpflichtige Musik finden Sie ganz schnell im Internet. Es geht aber billiger: Um in den Genuss kostenloser Musik zu kommen, nutzen Sie einfach die Angebote entsprechender Profis, zum Beispiel bei „kostenlos.de“.

1 Geben Sie in das Adressfeld Ihres Internet Explorers die Adresse

http://www.kostenlos.de/

ein, und drücken Sie zur Bestätigung wie üblich die ↵-Taste.

2 Auf der Seite, die nun erscheint, tippen Sie in dem dafür vorgesehenen Feld den Suchbegriff ein, im Beispiel ●,

und drücken danach wieder die ↵-Taste. Daraufhin werden Ihnen die Suchergebnisse (mit Kurzbeschreibungen) angezeigt: ●.

3 Wenn Sie sich für ein Angebot entschieden haben, klicken Sie den entsprechenden Verweis an.

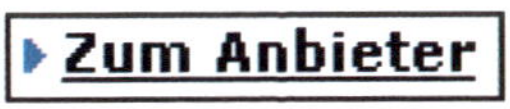

Die Seite des Anbieters wird anschließend geöffnet. Dort finden Sie auch eine Schaltfläche mit der Beschriftung „Downloads“ (= Herunterladen):

Mit einem Mausklick auf diesen Eintrag fahren Sie fort.

4 Klicken Sie danach mit der rechten (!) Maustaste eines der herunterladbaren Musikstücke an, und wählen Sie aus der Liste

.

Nach einem Mausklick auf

wird das Musikstück auf Ihren Rechner übertragen.

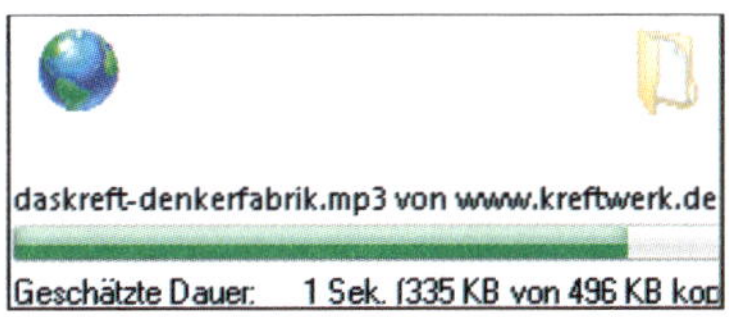

5 Ist der Vorgang beendet, bestätigen Sie den entsprechenden Hinweis per Klick auf die Schaltfläche

.

Den Internet Explorer schließen Sie wie gewohnt mit einem Mausklick auf das Schließkreuz

.

9 Schneller als die Post: Windows Mail

Wo ein konventioneller Brief Tage benötigt, ist eine **E-Mail** binnen weniger Sekunden oder Minuten im Postfach. Die elektronische Post ist aus dem Alltag kaum noch wegzudenken und zählt zu einem der beliebtesten Dienste im **Internet**. Außerordentlich schnell und sehr sicher erreichen Ihre Nachrichten den Empfänger und erhalten Sie selbst ohne großen Aufwand Post aus aller Welt. Zudem lassen sich an die elektronischen Briefe auch noch Dateien anhängen, sodass Sie auch größere Textdokumente, Bilder und Musikdateien austauschen können.

Das passende E-Mail-Programm bringt Windows Vista von Haus aus mit. Es ist „Windows Mail", der Nachfolger von „Outlook Express". Zusätzlich benötigen Sie nur noch ein „Postfach" im Internet. Sollte Ihnen dieses noch fehlen, können Sie mit Windows Mail auch auf einige kostenlose Internet-E-Mail-Postfächer zurückgreifen.

Im neunten Kapitel dieses Buches erfahren Sie,
- wie Sie Windows Mail und ein E-Mail-Konto einrichten,
- wie Sie E-Mails verschicken und empfangen,
- wie Sie sich für ein Internet-E-Mail-Konto anmelden,
- wie Sie ein Internet-E-Mail-Konto für Windows Mail einrichten,
- wie Sie die Sicherheitseinstellungen der Kontoverbindung überprüfen
- und wie Sie das Internet-E-Mail-Konto mit Windows Mail testen.

Kapitel-Wegweiser

Ein E-Mail-Konto einrichten

Wollen Sie den E-Mail-Dienst mit Windows Mail verwenden, müssen Sie sich als Erstes ein elektronisches Postfach beschaffen. Sie erhalten es direkt von Ihrem Internetanbieter (Provider). Dazu gehören die E-Mail-Adresse, unter der Sie künftig erreichbar sind, Ihr Benutzername und das Passwort. Wenn Sie das alles zusammenhaben, kann es losgehen:

1 Sie starten Windows Mail mit je einem Mausklick erst auf

und danach auf den Eintrag

.

Sollte der obige Eintrag nicht direkt im Startmenü zu sehen sein, finden Sie ihn in der Programmliste unter

.

Nach einem Klick auf den dortigen Eintrag

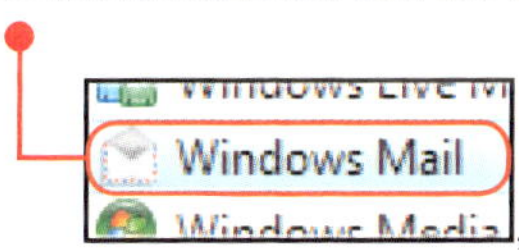

, öffnet sich das entsprechende Programmfenster.

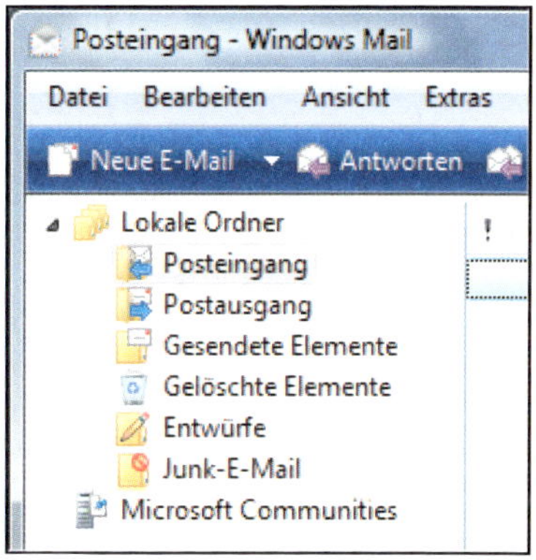

2 Beim ersten Start des Programms erscheint automatisch auch der Assistent zur Einrichtung eines E-Mail-Kontos. Sollte dies aus irgendeinem Grund bei Ihnen nicht der Fall sein, klicken Sie in der Menüleiste von Windows Mail auf

und im geöffneten Menü auf den Eintrag

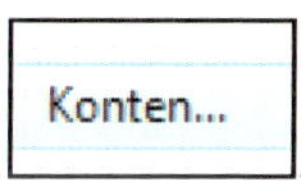

.

3 Im Fenster, das daraufhin angezeigt wird, folgt jeweils ein Klick auf die Schaltfläche

und dann auf den Eintrag

.

Zur Bestätigung klicken Sie einfach auf

.

4 Anschließend wird der Einrichtungsassistent für Windows Mail gestartet. Tippen Sie in das dafür vorgesehene Textfeld

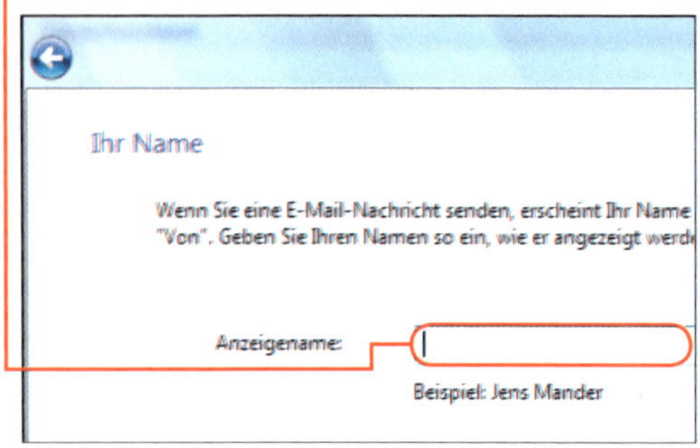

Ihren Namen ein, und klicken Sie danach wieder auf

.

5 Im folgenden Fenster geben Sie in das Textfeld Ihre E-Mail-Adresse ein, und zwar genau so, wie Sie diese von Ihrem Internetdienstanbieter erhalten haben.

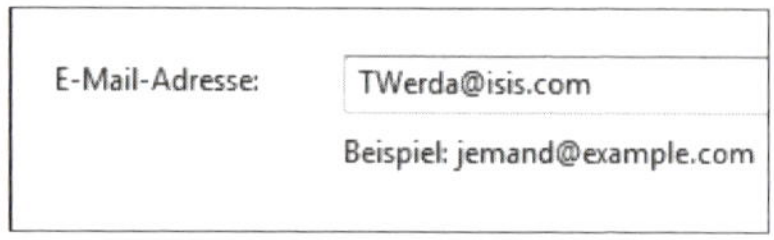

Danach klicken Sie erneut auf

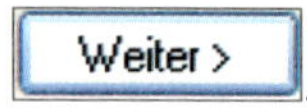

.

6 Als Nächstes müssen Sie die Art Ihres Postfachs festlegen. Tragen Sie die Daten wieder so ein, wie Sie sie von Ihrem Dienstanbieter erhalten haben. Der Posteingangsserver ist der Rechner (Server), der für Ihre ankommenden E-Mails zuständig ist. Mit dem Postausgangsserver

werden Ihre E-Mails verschickt. Haben Sie alle Angaben gemacht, klicken Sie ein weiteres Mal auf

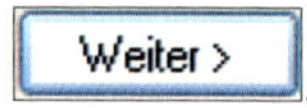

.

7 Nun geht es um Ihre Sicherheit. Damit nicht jeder Ihr Postfach verwenden kann, müssen Sie sich anmelden.

Geben Sie dazu Ihren Benutzernamen und das Kennwort ein.

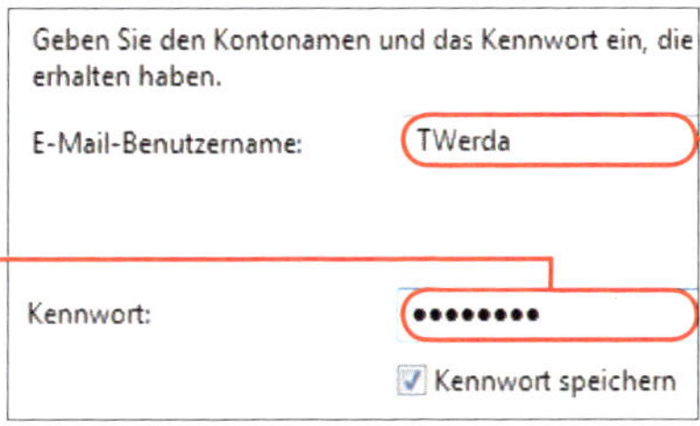

Wenn Sie das Häkchen im Kästchen darunter stehenlassen, wird Ihr Kennwort gespeichert. In dem Fall müssen Sie es nicht immer wieder eingeben. Sicherer ist es allerdings, die Option auszuschalten. Klicken Sie dazu in das Kästchen, sodass das Häkchen darin verschwindet: .

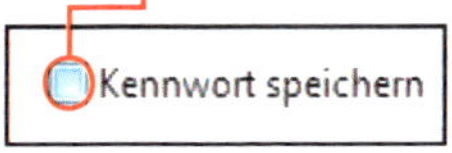

Künftig kann auf Ihr Postfach nur nach Eingabe des Kennworts zugegriffen werden. Haben Sie alle Angaben gemacht, klicken Sie wieder auf

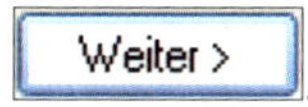

.

8 Damit ist Ihr E-Mail-Konto fertig eingerichtet. Sie brauchen den Assistenten nur noch per Klick auf die Schaltfläche

zu beenden. Ihr neu eingerichtetes E-Mail-Konto wird anschließend im Kontenfenster angezeigt.

E-Mails senden und empfangen ganz einfach

Sowie Ihr E-Mail-Konto fertig eingerichtet ist, können Sie E-Mails versenden und empfangen.

1 Um eine Nachricht zu schreiben, klicken Sie zuerst in der Symbolleiste von Windows Mail auf

.

Daraufhin wird ein Fenster geöffnet, in dem Sie Ihre Nachricht schreiben können.

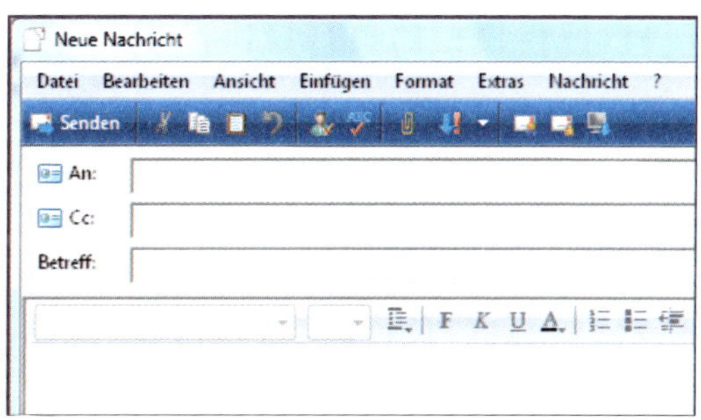

2 In das erste Textfeld „An“ tragen Sie die E-Mail-Adresse des Empfängers ein, im Beispiel ●.

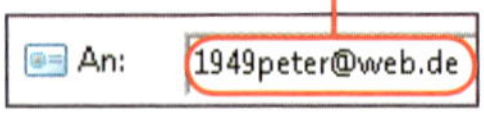

Sie können die Nachricht gleichzeitig noch an einen anderen Empfänger versenden. Geben Sie dazu dessen Adresse in das zweite Feld („Cc“) ein.

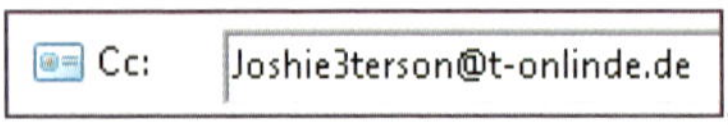

„Cc“ steht für „Carbon Copy” (= Durchschlag) und wird auch genauso verwendet.

Darunter tippen Sie einen „Betreff“ ein. Mit diesem Betreff kennzeichnen Sie kurz das Thema Ihrer Nachricht.

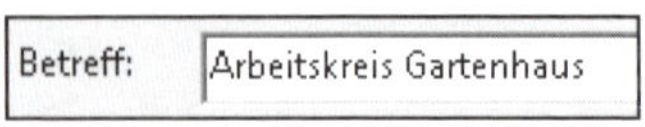

Ihren Text geben Sie dann in das große Textfeld ein.

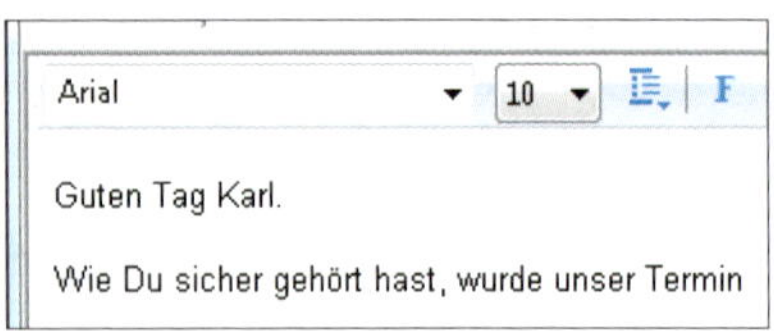

3 Nachdem Sie Ihre Nachricht fertig geschrieben haben, klicken Sie in der Symbolleiste auf die Schaltfläche

.

Sind Sie zu jenem Zeitpunkt mit dem Internet verbunden, wird Ihre Nachricht direkt abgeschickt.

4 Sollte dies nicht der Fall sein, wird Ihre Nachricht zunächst im Postausgang gespeichert: ●.

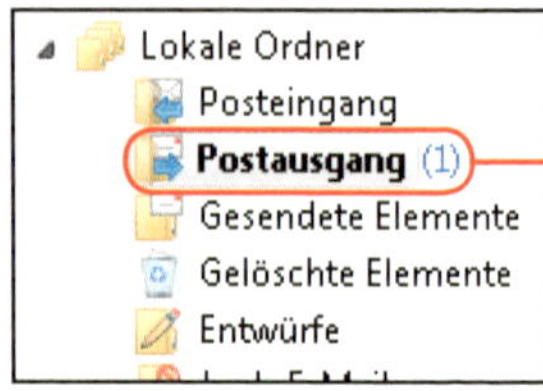

Die Zahl in Klammern neben dem Postausgang zeigt an, wie viele noch nicht gesendete Nachrichten sich darin befinden, im Beispiel eine. Wenn Sie jetzt in der Symbolleiste auf die Schaltfläche

klicken, wird eine Verbindung mit dem Internet aufgenommen und Ihre Nachricht verschickt. Bei dieser Gelegenheit werden auch neu eingegangene Nachrichten vom Server abgeholt. Sind Nachrichten für Sie da, werden diese im Posteingangsordner gespeichert. Sie erkennen dies ebenfalls an der Zahl neben dem Ordner: ●.

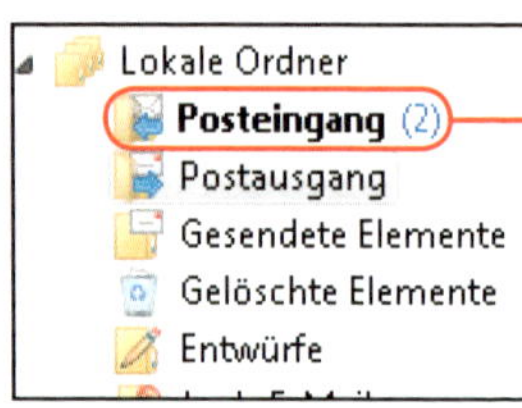

5 Per Klick auf den Posteingangsordner werden die eingegangenen Nachrichten im rechten Fensterbereich aufgelistet: ●.

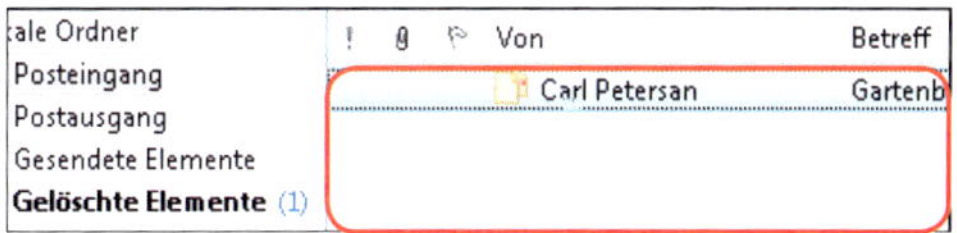

Mit einem Doppelklick auf eine Nachricht wird diese komplett in einem Fenster angezeigt - wie im Beispiel rechts die Begrüßungs-E-Mail von Windows Mail: ●.

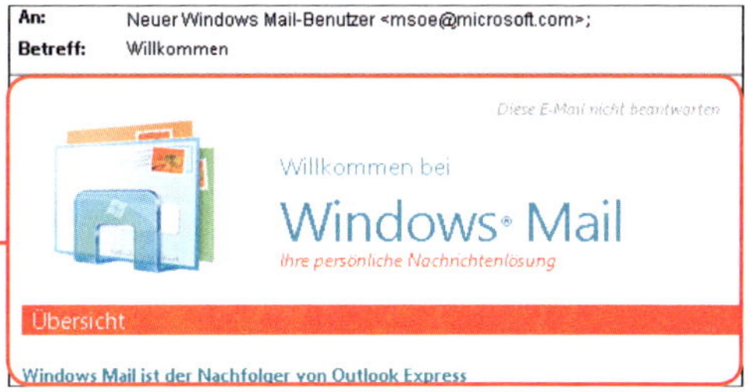

Geschlossen wird eine geöffnete E-Mail wie gewohnt mit einem Klick auf das Schließkreuz.

Das kostenlose Internet-E-Mail-Konto mit Windows Mail

Im Internet gibt es viele Anbieter, bei denen Sie kostenlos ein Postfach im Internet einrichten können. Das Praktische: Mit dem Internet Explorer können Sie von jedem Ort aus auf diese Postfächer zugreifen. Da nur das Internetzugriffsprogramm benötigt wird, können Sie Ihre elektronische Post also zum Beispiel auch von einem Internet-Café aus erledigen. Das Versenden und Abrufen von E-Mails funktioniert bei diesen Diensten jedoch nur mit einem Internetzugriffsprogramm wie dem Internet Explorer - und nicht mit einem E-Mail-Programm. Einige Anbieter dieser Internet-E-Mail-Dienste ermöglichen trotzdem den komfortablen Zugriff per Windows Mail. Auf diese Weise haben Sie den Zugriff ebenso von Ihrem Rechner aus wie von jedem anderen Ort mit Internetzugang. Sie müssen sich nur ein kostenloses Konto besorgen und Windows Mail für dieses Konto einrichten.

Ein Internet-E-Mail-Konto einrichten

Für den kostenlosen Internet-E-Mail-Dienst gibt viele Anbieter. Um jedoch ein solches Internetkonto mit Windows Mail verwenden zu können, muss der Anbieter das passende Protokoll für das Abrufen der elektronischen Post unterstützen. Diesen sogenannten **POP3**-Zugang bietet zum Beispiel Web.de. Und die Einrichtung eines E-Mail-Kontos geht ruck, zuck!

1 Starten Sie wie gewohnt den Internet Explorer per Klick auf das Programmsymbol

,

tippen Sie in das Textfeld die Adresse von Web.de

ein, und drücken Sie zur Bestätigung die [↵]-Taste.

> **! Sicherheit bei der Anmeldung**
>
> Wenn Sie sich im Internet anmelden, in diesem Fall für ein E-Mail-Konto, sollten Sie grundsätzlich sehr vorsichtig sein. Denn Sie müssen bei der Anmeldung persönliche Daten wie Name oder E-Mail-Adresse preisgeben. Solche Daten können von unseriösen Anbietern ausspioniert und weiterverwendet werden. Achten Sie also immer darauf, dass Sie Ihre Daten nur weitergeben, wenn Sie dem Anbieter vertrauen und die Anmeldung über eine gesicherte Verbindung abgewickelt wird. Sie erkennen eine sichere Verbindung an dem Buchstaben „S“ bei „https://“ in der Internetadresse, wie hier bei Web.de: .
>
> 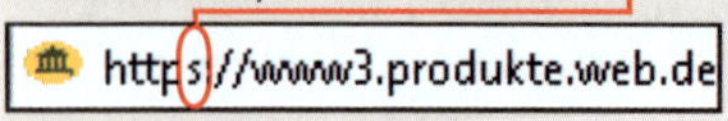
>
>
> Das „S“ steht für den englischen Begriff „secure“ (= „sicher“). Beim Mozilla-Firefox-Internetzugriffsprogramm sehen Sie am unteren Fensterrand noch ein kleines Schloss, das die sichere Verbindung symbolisiert: .
>
> 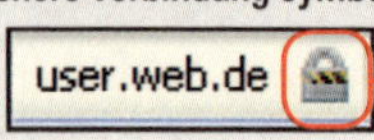
>

2 Auf der geöffneten Seite von Web.de klicken Sie auf den Eintrag

und im Fenster, das daraufhin angezeigt wird, auf die Schaltfläche

.

3 Nun müssen Sie Ihre persönlichen Daten eingeben. Tippen Sie diese einfach in die entsprechenden Felder ein. Dabei müssen Sie nur die Felder ausfüllen, die mit einem Sternchen markiert sind. Die anderen Angaben, etwa ,

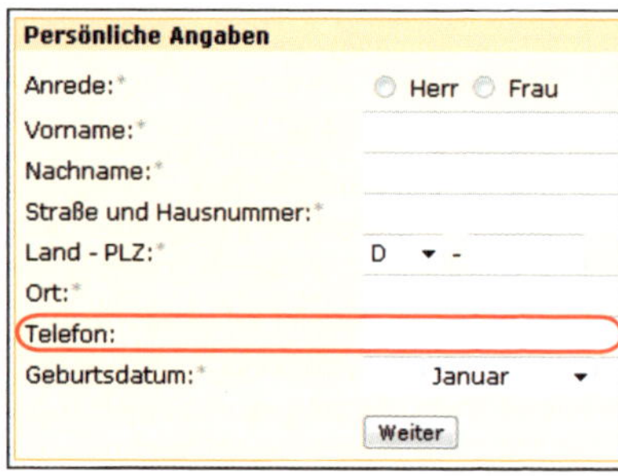

sind fakultativ. Klicken Sie danach auf die Schaltfläche

.

4 Im folgenden Fenster geht es darum, sich eine passende E-Mail-Adresse zuzulegen.

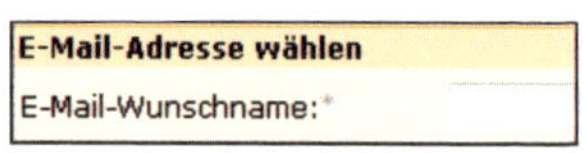

Diese Adresse darf logischerweise nur ein einziges Mal vorhanden sein. Da sich bereits viele Leute eine E-Mail-Adresse gesichert haben, dürfte es mit Ihrem eigenen Namen vermutlich schwierig werden - es sei denn, er ist sehr exotisch. Suchen Sie sich also eine Adresse aus, die wahrscheinlich noch nicht vergeben wurde, im Beispiel ●.

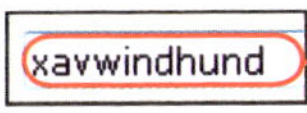

5 Im nächsten Feld müssen Sie ein Passwort eingeben, das Sie darunter, um etwaige Tippfehler zu vermeiden, noch einmal wiederholen: ●.

Zur Sicherheit wird das Passwort bei der Eingabe nicht angezeigt, sodass niemand mitlesen kann. Zudem sollte das Passwort aus Buchstaben, Sonderzeichen und Zahlen gemischt werden, damit es nicht so leicht geknackt werden kann.

6 Der folgende Bereich ist für den Fall vorgesehen, dass Sie Ihr Passwort einmal vergessen haben.

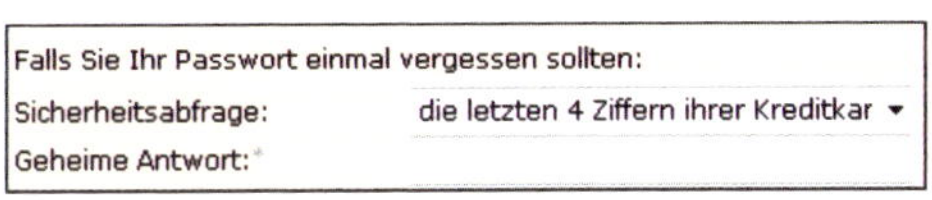

Auf die voreingestellte Möglichkeit sollten Sie nicht gerade zurückgreifen, denn die Daten Ihrer Kreditkarte gehören auf gar keinen Fall ins Internet! Klicken Sie also neben dem Eintrag auf das Dreieck ●, und wählen Sie eine Frage aus, die nur Sie beantworten können, beispielsweise ●.

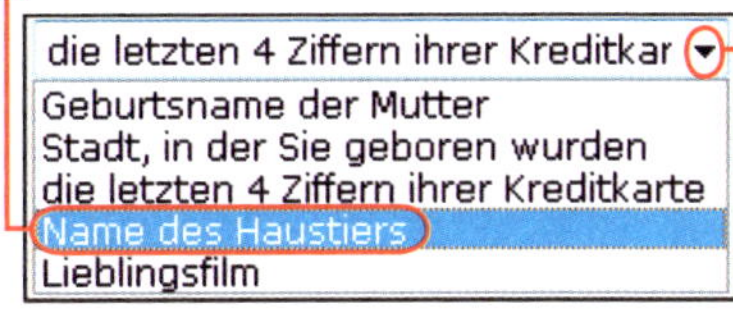

In das folgende Textfeld gehört die Antwort, im Beispiel ●.

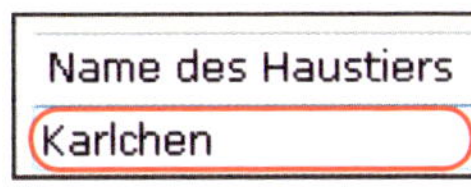

Anschließend klicken Sie erneut auf

.

7 Daraufhin werden Ihre eingegebenen Daten noch einmal aufgelistet, sodass Sie bei Bedarf Änderungen vornehmen können. Zur Sicherheit müssen Sie dann noch die Buchstaben in der Grafik, etwa ●,

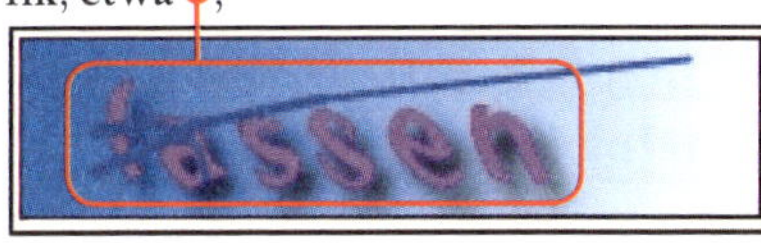

in das danebenliegende Textfeld eintragen.

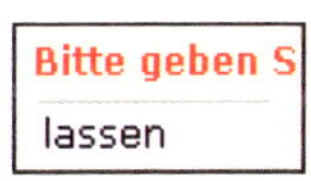

Mit dieser Sicherheitsmaßnahme soll gewährleistet werden, dass ein Mensch die

Eingaben macht – und kein Programm, denn Letzteres kann die verzerrten Buchstaben nicht ohne Weiteres entziffern.

8 Zum Schluss müssen Sie noch zustimmen, dass Ihre Daten bei Web.de gespeichert und verwendet werden können. Klicken Sie dazu neben dem entsprechenden Eintrag in das Kästchen ●.

Jetzt brauchen Sie nur noch auf

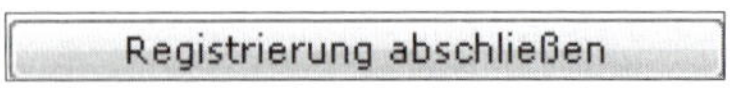

zu klicken, und dann können Sie den Internet Explorer per Klick auf

beenden.

Das Internet-E-Mail-Konto für Windows Mail einrichten

Damit Sie künftig Zugriff auf Ihr Postfach bei Web.de erhalten, müssen Sie nun noch das Konto in Windows Mail einrichten. Die Vorgehensweise ist fast genauso, wie im Abschnitt „Ein E-Mail-Konto einrichten“ gezeigt.

1 Öffnen Sie Windows Mail wie gewohnt, und folgen Sie den Anweisungen im Abschnitt „Ein E-Mail-Konto einrichten“ bis einschließlich Schritt 4 (siehe Seite 103/104).

2 Geben Sie dann Ihre E-Mail-Adresse ein. Das ist die Adresse, die Sie bei der Anmeldung für Web.de im vorigen Abschnitt in Schritt 4 festgelegt haben.

Klicken Sie anschließend auf die Schaltfläche

.

3 Als Nächstes müssen Sie den Posteingangs- und den Postausgangsserver von Web.de in die entsprechenden Felder eintragen. Das ist für den Posteingang „pop3.web.de“ ● und für den Postausgang „smtp.web.de“ ●.

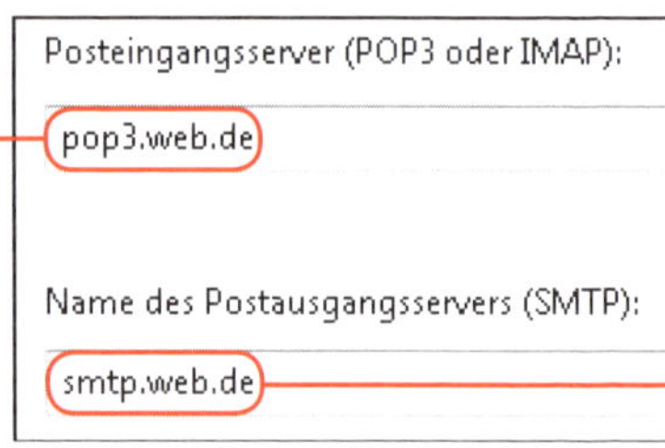

4 Für die sichere Übermittlung der Daten klicken Sie noch auf den Eintrag

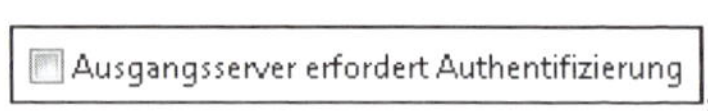

, sodass im Kästchen davor ein Häkchen

erscheint: .

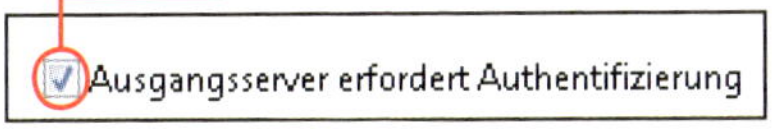

Es folgt erneut ein Mausklick auf

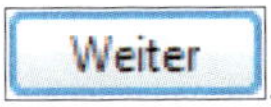

.

5 Nun werden Sie nach Ihrem Benutzernamen und Ihrem Pass- beziehungsweise Kennwort

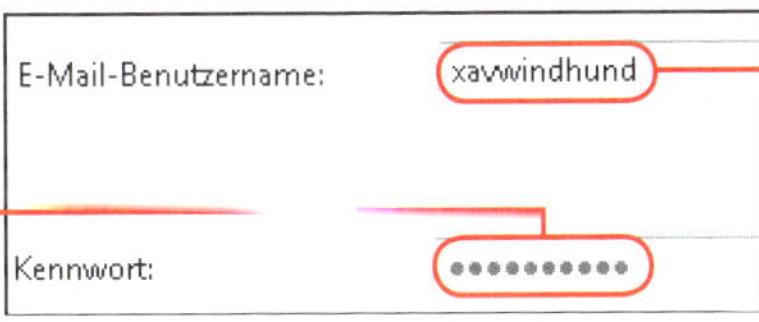

gefragt. Geben Sie die Daten genauso ein, wie Sie sie bei der Anmeldung für Ihr Konto im Internet festgelegt haben. Damit das Passwort gespeichert wird, setzen Sie per Klick ein Häkchen in das Kästchen .

In dem Fall brauchen Sie es nicht bei jeder E-Mail erneut einzugeben. Jetzt haben Sie alle notwendigen Angaben gemacht. Zum Beenden klicken Sie ein letztes Mal auf

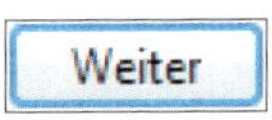

und danach auf die Schaltfläche

.

Sicherheitseinstellungen überprüfen

Künftig können Sie Ihre E-Mails auf dem Internetkonto bei Web.de mit dem Internet Explorer abholen und auch versenden. Währenddessen wird die Verbindung aus Sicherheitsgründen verschlüsselt. Diese Sicherung können Sie auch einschalten, wenn Sie Ihre Post per Windows Mail abholen oder versenden. Ob die Sicherheitseinstellungen bereits aktiviert sind, sollten Sie direkt überprüfen.

1 Klicken Sie dazu in der Menüleiste von Windows Mail auf

und im dann geöffneten Menü auf den Eintrag

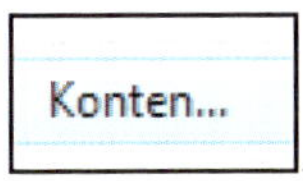

.

2 Markieren Sie mit einem Mausklick das eingerichtete Postkonto, das Sie überprüfen wollen,

und klicken Sie anschließend auf die Schaltfläche

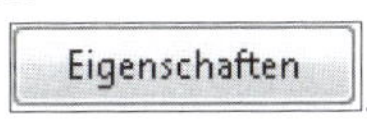

.

3 Im nächsten Fenster können Sie sehen, ob vor dem Eintrag

das Häkchen gesetzt ist wie in der Abbildung. Sollte es fehlen, klicken Sie den Eintrag an, damit es erscheint. Wenn Sie danach auf die Schaltfläche

klicken, müssen Sie noch den ersten Eintrag

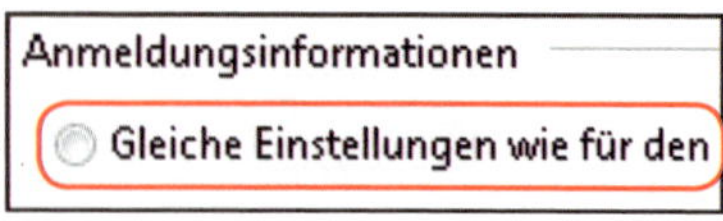

per Klick markieren, sodass im Kreis davor ein Punkt erscheint: .

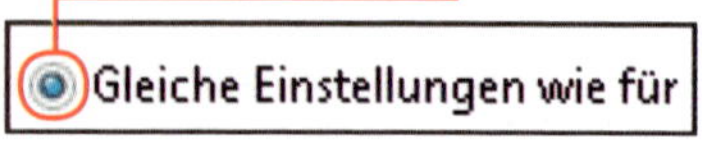

Bestätigen Sie die Einstellung mit einem Mausklick auf

.

4 Schließlich holen Sie im wieder angezeigten Eigenschaftsfenster per Klick auf den Registerreiter

das dazugehörige Fenster in den Vordergrund und überprüfen dort, ob die Häkchen beim Postein- und beim Postausgangsserver gesetzt sind wie in der Abbildung: .

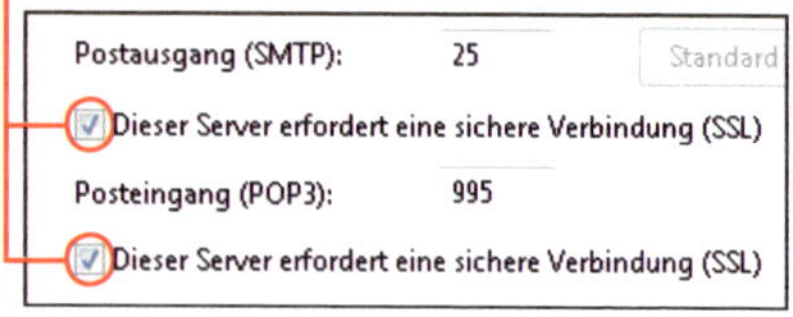

Falls sie fehlen sollten, klicken Sie die Einträge einfach an. Klicken Sie dann wieder auf

.

Das Einstellungsfenster für Ihr Konto verlassen Sie per Klick auf

.

Das Internet-E-Mail-Konto mit Windows Mail testen

Um das Internetkonto zu testen, können Sie eine E-Mail einfach an sich selbst schicken. Damit stellen Sie dann gleichzeitig fest, ob das Versenden und Empfangen funktioniert. Und sollte ein Fehler auftreten, können Sie ihn gegebenenfalls direkt beheben.

1 Gehen Sie einfach genauso vor, wie es im Abschnitt „E-Mails senden und empfangen ganz einfach“ in den Schritten 1 und 2 (siehe Seite 105/106) gezeigt wird. Der einzige Unterschied: In das Empfängerfeld tippen Sie Ihre eigene E-Mail-Adresse ein, im Beispiel ●.

Vergessen Sie nicht den Betreff.

Denn ohne einen Betreff könnte Ihr E-Mail-Programm die Nachricht fälschlicherweise als schädlichen Junk (engl. „junk“ = „Abfall“) einschätzen und direkt in den entsprechenden Ordner verschieben.

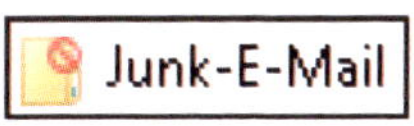

2 Sobald Sie dann einen beliebigen Text als Nachricht eingegeben haben,

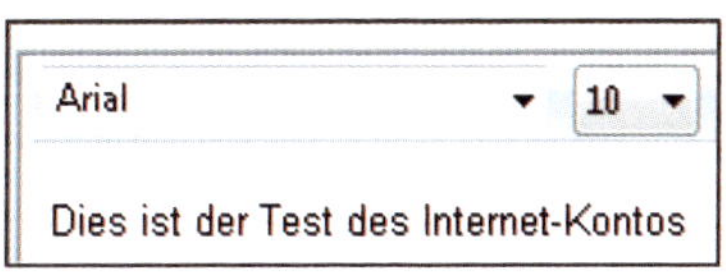

klicken Sie zum Versenden der Nachricht auf

.

3 Die Nachricht wird daraufhin sofort versendet. Geht alles gut, bekommen Sie keine Rückmeldung. Tritt jedoch ein Fehler auf, verbleibt die Nachricht in Ihrem Postausgang, und Sie erhalten eine Fehlermeldung.

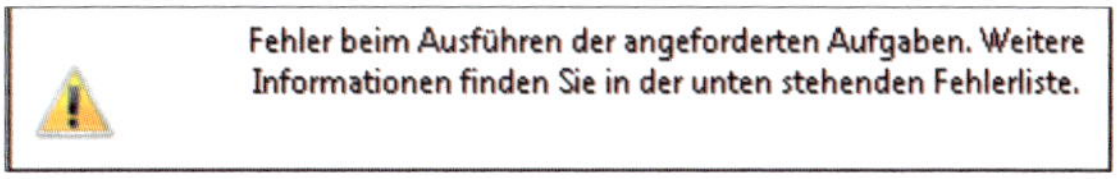

Im Beispielfall erfahren Sie nun, dass die E-Mail-Adresse falsch geschrieben wurde: ●.

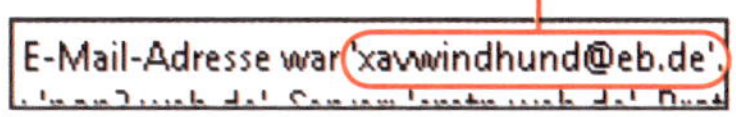

Es müsste „...@web.de“ heißen und nicht „...@eb.de“.

4 Einen solchen Fehler können Sie sofort beheben. Schließen Sie die Meldung mit einem Mausklick auf

.

Folgen Sie dann den Schritten 1 und 2 im Abschnitt „Sicherheitseinstellungen überprüfen“. Im geöffneten Eigenschaftsfenster finden Sie den fehlerhaften Eintrag: ●.

Um ihn zu korrigieren, setzen Sie einfach den Mauszeiger vor „eb.de“ und ergänzen das fehlende „w“: ●.

Bestätigen Sie die Änderung per Klick auf

,

und schließen Sie das Fenster per Klick auf

.

5 Damit die Testnachricht jetzt verschickt wird, klicken Sie in der Menüleiste auf

,

im geöffneten Menü auf den Eintrag

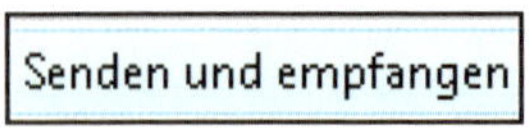

und im dann aufgeklappten Untermenü ebenfalls auf ●.

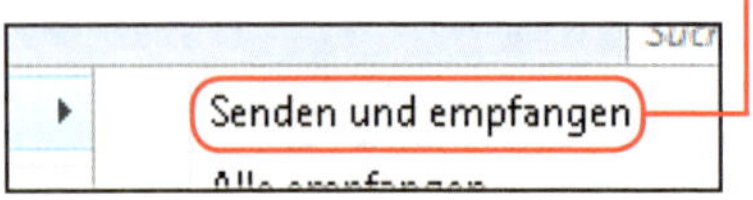

> **! Zeitverzögerung beim Empfang von E-Mails**
>
> Bei den kostenlosen E-Mail-Angeboten im Internet gibt es zwischen dem Versand und dem Abholen der elektronischen Post immer einen zeitlichen Abstand. Bei Web.de beträgt diese Zeitspanne 15 Minuten. Das bedeutet, dass Sie E-Mails zwar immer versenden können, jedoch nur im Abstand von mindestens 15 Minuten abholen können.

6 Wenn Sie etwa 15 Minuten gewartet haben (siehe Kasten), wiederholen Sie einfach Schritt 5 dieser Anleitung. Daraufhin wird Ihre Post abgeholt und im Posteingang angezeigt.

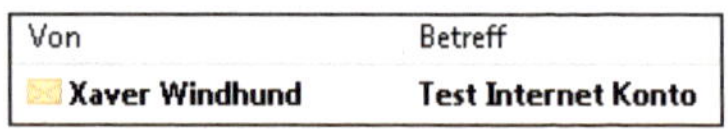

Wenn der Test erfolgreich war, können Sie Ihr Internet-E-Mail-Konto künftig auch mit Windows Mail verwenden.

Was ist eigentlich ...?

Benutzerkonto

Da Windows Vista ein Mehrbenutzer-Betriebssystem ist, können auch mehrere Personen daran arbeiten. Jeder Benutzer erhält bei der Anmeldung eine eigene Arbeitsumgebung mit eigenen Ordnern für seine Dateien, sodass die Einstellungen jeweils nur für diesen Benutzer gelten und bei anderen Konten keine Veränderungen vorgenommen werden können.

Browser

Ein Anzeigeprogramm für das Internet, das die „Sprachen" des Internets beherrscht. Mit einem Browser können Internetseiten angezeigt und Dateien heruntergeladen werden.

Dateisystem

Auf jedem Speichermedium (Festplatte/Diskette) müssen die Dateien „systematisch" (geordnet) verwaltet werden, damit Programme gestartet und Dateien geladen und wieder gespeichert werden können. Das Betriebsprogramm Windows Vista verwendet dazu das Dateisystem NTFS. Ältere Windows-Versionen verwalteten die Dateien mit dem FAT- oder dem FAT32-Dateisystem.

DFÜ

Als „**D**aten**fern**ü**bertragung" wird der Datenaustausch mittels Telefon- oder Datenleitungen bezeichnet. Dazu wird ein Modem oder eine ISDN-Karte benötigt. Das Modem oder die ISDN-Karte wird zwischen den Computer und die Telefonleitung geschaltet und übernimmt die Verbindung zum Provider beziehungsweise Internetdienstanbieter.

Was ist eigentlich ...?

Download

Im Internet können Sie sich nicht nur Text- oder Bilddateien ansehen, sondern diese auch auf den eigenen Computer speichern. Im WWW finden Sie Programme, Spiele, Musikstücke, Bilder und Filme. Solche Dateien können Sie mit Ihrem Browser aus dem Internet auf Ihren PC „herunterholen". Dieser Vorgang wird Download oder auch „Überspielen" genannt. In jedem Fall werden Daten von einem Computer zum anderen übertragen.

DSL

DSL (= **D**igital **S**ubscriber **L**ine), auf Deutsch: „digitale Teilnehmer-Anschlussleitung". Dabei handelt es sich um eine schnelle Verbindung mit dem Internet, auch Breitbandverbindung genannt. Diese Verbindung ist bis zu zwölf Mal schneller als ISDN.

E-Mail

Die elektronische Post (= **E**lectronic **Mail**) hat im Internet die Funktion der traditionellen Post übernommen. Mit einem E-Mail-Programm wie Windows Mail können Sie Textnachrichten oder

Was ist eigentlich ...?

Dokumente jeder Art versenden und auch empfangen – und zwar blitzschnell und weltweit.

FAT

Dateizuordnungstabelle (= **F**ile **A**llocation **T**able). In dieser Tabelle werden auf Festplatten, Disketten und CD-ROMs die Positionen von Dateien und Verzeichnissen auf dem Datenträger verwaltet. Windows Vista verwendet nicht mehr die FAT, sondern → NTFS.

Firewall

Eine Firewall (etwa „Feuerschutzwand" oder „Brandschutzmauer") ist ein Programm, das den unzulässigen Zugriff auf den Rechner aus dem Internet verhindert. Beim Betriebsprogramm Windows Vista ist eine eigene Firewall eingebaut, die einen gewissen Schutz für Windows Mail und den Internet Explorer bietet.

Formatieren

Datenträger wie Disketten und Festplatten müssen für das Speichern von Dateien vorbereitet werden. Dieser Vorgang wird Formatieren genannt.

HTTP

Das „**H**yper **T**ext **T**ransfer **P**rotocol" ist das Protokoll, mit dem im Internet Daten übertragen werden. Deshalb beginnen die Adressen im Internet auch mit „http://".

Was ist eigentlich ...?

Hyperlink

Hyperlinks (kurz „Links") sind Verweise (Verknüpfungen) in Internetdokumenten, die zu anderen Seiten, Dokumenten oder Dateien (wie Bilder, Filme und Musik) führen und über die der Zugriff auf diese Dateien erfolgt. In den meisten Hypertexten werden sie blau und unterstrichen dargestellt. Per Mausklick darauf gelangt man dann zu den anderen Seiten oder Dateien.

Internet

Das Internet ist der weltweite Verbund von Computern über Stand- und Telefonleitungen. Zuerst nur als Verbindung für militärische und wissenschaftliche Zwecke gedacht, entwickelte sich das Internet durch die starke Verbreitung des PCs zu einem globalen Verbund, der – ungeachtet aller politischen und geografischen Grenzen – die Verbindung zwischen Millionen von Menschen herstellt und den Gedankenaustausch und mit ihm den Austausch von Texten, Bildern, Tönen und Filmen fördert.

IP-Adresse

Jeder Computer im Internet hat eine eindeutige Adresse, damit er identifiziert werden und auch auf ihn zugegriffen werden kann. Die IP-Adresse (= **I**nternet-**P**rotokoll-Adresse) besteht aus einer zwölfstelligen Zahl nach dem Schema 134.098.127.075. Im Netzwerk haben die einzelnen Rechner

Was ist eigentlich ...?

ebenfalls jeweils eine IP-Adresse, damit sie auch innerhalb des Netzwerks eindeutig erkannt werden können.

Logisches Laufwerk

Einteilung einer Festplatte in mehrere Laufwerke, die mit Buchstaben bezeichnet werden. Die erste (primäre) Partition enthält das Betriebsprogramm und hat den Buchstaben „C:“. Um ein logisches Laufwerk einzurichten, muss die Festplatte eine erweiterte → Partition besitzen, in der die logischen Laufwerke erstellt werden. Diese logischen Laufwerke bekommen dann die jeweils nachfolgenden Buchstaben (D: oder E: usw.)

MP3

MP3 ist ein Komprimierungsverfahren für Musikdateien. Korrekt heißt es „MPEG Audio Layer3“. Die Daten werden ungefähr auf ein Zehntel der normalen Größe verringert, ohne dass eine hörbare Verschlechterung des Klangs eintritt. Durch die Komprimierung passen mehr als zehn Stunden Musik auf eine CD.

Modem

Ein Modem (Abkürzung für **Mo**dulator/**Dem**odulator) ist ein Gerät, das die Datenübertragung zwischen Computer und Internet über die Telefonleitung ermöglicht. Es wird zwischen den Computer und die Telefonleitung eingebaut und verwandelt die digitalen Signale

Was ist eigentlich ...?

des Computers in analoge Signale, die dann über die Telefonleitung weitergeleitet werden können.

NTFS

Das moderne Dateisystem von Windows Vista (NTFS = **N**ew **T**echnology **F**ile **S**ystem) hat die älteren Dateisysteme → FAT und FAT32 abgelöst. Mit NTFS können Dateien besser und sicherer verwaltet werden. Auch ist die Größe von Dateien mit diesem Dateisystem nur noch durch die Größe des Datenträgers begrenzt.

Partition

Eine Partition ist ein Teil einer Festplatte, die vom Betriebsprogramm als eigenständige Festplatte behandelt wird.

POP

POP3 steht für „**P**ost **O**ffice **P**rotocol 3“. Das POP-Protokoll ist das weitverbreitete Protokoll für die Übertragung von E-Mails von einem Anbieter zum Anwender.

Pixel

Jeder Pixel stellt einen Bildpunkt auf dem Monitor dar. Je höher die Pixelanzahl, desto genauer werden Einzelheiten eines Bildes dargestellt.

RAM

Der „**R**andom **A**ccess **M**emory” ist ein Speicher, der auf sogenannten

Was ist eigentlich ...?

RAM-Speicherriegeln aufgelötet ist. Er wird auch Arbeitsspeicher genannt. Ein solcher Speicher wird verwendet, um Programme auszuführen und Dateien zu laden. Die Daten in diesem Speicher müssen auf die Festplatte geschrieben werden, da sie beim Ausschalten des Rechners verlorengehen würden.

Sektor
Der Sektor ist die kleinste Einheit einer Festplatte, die in der FAT oder von NTFS verwaltet wird. Ein Sektor ist 512 Bytes groß.

Server
Ein Server ist ein Computer, der anderen Computern innerhalb eines Netzwerks seine Dienste zur Verfügung stellt. Im World Wide Web sind die Server die Computer, auf denen die Homepages gespeichert werden.

Systemdatei
Wichtige Dateien des Betriebsprogramms, in denen wichtige Informationen und Einstellungen enthalten sind. Diese Dateien werden vom Betriebsprogramm Windows Vista besonders geschützt.

Systemsteuerung
In der Systemsteuerung sind die wichtigsten Funktionen zur Einstellung des Betriebsprogramms enthalten.

Was ist eigentlich ...?

Taskleiste
Ein gestartetes Programm wird auch „Task“ genannt. In der Taskleiste werden diese „Tasks“ (also Programme, Funktionen und Fenster) angezeigt. Falls viele Fenster geöffnet sind, leidet häufig die Übersicht. Über die Taskleiste am unteren Bildschirmrand kann ohne langes Suchen auf das Programm oder Fenster zugegriffen werden.

Treiber
Geräte, die Sie in Ihren Computer einbauen oder daran anschließen (wie Drucker, Digitalkameras, Grafikkarten, Soundkarten usw.), benötigen für ihre Funktionen spezielle Programme, sogenannte Treiber. Diese Treiber (Geräteprogramme) verbinden das jeweilige Gerät mit dem Betriebsprogramm. Windows Vista bringt für viele Geräte bereits die entsprechenden Geräteprogramme direkt mit, sodass häufig kein extra Programm benötigt wird.

USB-Stift
Die sogenannten USB-Stifte (engl. = „sticks“) können als Transportmittel für Daten und Programme dienen.

WMV/WMA
Komprimierungsverfahren von Microsoft für Video- (WMV) und Musikdateien (WMA). Durch die Komprimierung werden die Dateien so stark verkleinert, dass sie auf einen Speicherstift passen.

Stichwortverzeichnis

PC abschalten – auf Hochspannung umschalten

Nichts wird sein wie es war.
Ein hochintelligenter
Katastrophenthriller.

ISBN 978-3-548-26851-4

Originalausgabe im Ullstein Taschenbuch
3. Auflage 2009

E-Mail: buecher@computerbild.de
Umschlaggestaltung: HildenDesign, München / Buch und Werbung, Berlin
Titelabbildung: Corbis
Satz und Repro: LVD GmbH, Berlin
Druck und Weiterverarbeitung: CPI – Ebner & Spiegel, Ulm
Printed in Germany
ISBN 978-3-548-41282-5